AF319259

ÉTUDES
DE L'HOMME,

ou

Recherches sur les facultés de sentir et de penser.

—

I.

ÉTUDES
DE L'HOMME,

OU

Recherches sur les facultés de sentir et de penser.

PAR

CHARLES-VICTOR DE BONSTETTEN,

Membre de plusieurs Académies et Sociétés savantes.

~~~~~~~~~~

TOME I.er

~~~~~~~~~~

GENÈVE

J. J. PASCHOUD, Imprimeur-Libraire.

PARIS,

Même maison de commerce, rue de Seine, n.° 48.

1821.

INTRODUCTION.

CETTE introduction contient les résultats de mes Études de l'Homme. Il faut pour la saisir, non-seulement, lire, mais méditer. J'ai quitté les sentiers battus et les plaines fleuries, pour gravir les précipices et les rochers des Alpes. Je vais chercher un point de vue élevé, pour de là donner une idée du pays que j'ai parcouru. Que les amis de hautes et solitaires pensées me suivent ; c'est pour eux que j'écris.

Il y a plus de mille ans qu'on a dit que la connoissance de soi-même étoit la plus importante de toutes. Les moralistes de nos jours ne nous disent-ils pas que l'empire sur nos passions est le plus noble des empires : mais cette conquête ne peut se faire que par la connoissance intime de nous-mêmes. Les lois aussi, qui font la destinée des nations ; et la grande charte de l'humanité, que tous les hommes réclament, c'est dans le sanctuaire de l'âme, c'est dans la connoissance de l'esprit humain, qu'il faut les chercher.

Et cependant rien n'est plus négligé de nos jours que l'étude de l'homme ! La raison en est, que rien ne ressemble moins à l'homme que le portrait qu'en ont fait les philosophes, qui dans leurs idéologies, n'ont jamais dessiné qu'une partie de leur modèle. Voyez l'homme dans les livres de philosophie rationnelle, et comparez-le à l'homme tel que nous le voyons. Quelle différence entre l'un et l'autre !

A ne voir que nos idéologies, on diroit que la pensée ne se compose que d'idées. On a regardé le sentiment comme un hors-d'œuvre de l'esprit humain, tandis qu'il en fait partie intégrante. On ne lui a jamais assigné des lois constantes. On a cru expliquer par le raisonnement ce qu'on ne peut trouver que par les faits. A force de raisonner, on a oublié l'étude des faits, tandis qu'il ne falloit voir que les faits.

L'imagination est la puissance motrice de l'esprit humain ; l'intelligence en est la puissance dirigeante. L'homme actif est le produit de la combinaison des deux forces ; la distinction des deux facultés est le résultat le plus important de la psycologie.

Les idées *ou représentations des objets des cinq sens*, ne sont pour rien dans le mouvement de l'esprit. Les idées sont inertes de leur nature, tandis qu'on en fait des puissances à la fois motrices et dirigeantes. Le mouvement des idées ne vient jamais des idées (1); le principe

______

(1) L'effet d'une sensation se réduit à produire la représentation d'un objet extérieur, appelée *Idée*. L'*idée*, arrivée à l'âme, ne prend du mouvement qu'en se liant à un sentiment pour produire une action, ou à une idée pour former un rapport. Mais ces liaisons se font par les lois de l'imagination ou de l'intelligence émanées de l'âme. Les substantifs, sans l'expression d'un rapport, n'ont aucun sens, et ne peuvent former

moteur de l'esprit humain réside dans les profondeurs de l'âme ; c'est de son sanctuaire qu'émanent les mouvemens qui la révèlent à l'homme sous les formes de l'imagination et de l'intelligence.

L'esprit de l'homme actif, de l'homme tel qu'il se présente à nous dans le monde, est toujours le résultat de la combinaison des deux facultés. Le premier pas à faire dans l'analyse de l'esprit humain , est donc de distinguer nettement l'imagination de l'intelligence dont l'esprit humain se compose.

La connoissance de l'homme , comme la connoissance de tout ce qui existe hors de nous, se compose de *faits* bien vus ; et le raisonnement le plus profond n'a pour but que de bien classer ces faits ; mais les faits qui composent la connoissance de l'homme, c'est dans la psycologie qu'il faut les chercher.

---

ni conception, ni pensée. On verra que tout rapport émane de l'âme, puisque tout rapport suppose une omparaison.

La psycologie est aux sciences rationnelles, ce que les mathématiques sont aux sciences physiques.

Ce n'est que depuis les progrès faits dans les mathématiques, que la bonne physique a fait des conquêtes ; nos connoissances morales n'en feront que lorsque la psycologie aura tous les développemens dont elle est susceptible, et qu'elle est loin d'atteindre encore.

Les sciences morales s'occupent des actions volontaires, et supposent partout des motifs. Les motifs sont les puissances motrices du monde moral : tous sont pris dans la sensibilité. Il faut donc chercher les forces morales dans les lois de la sensibilité ; mais la direction de ces forces, c'est dans l'intelligence régulatrice des actions humaines qu'il faut les chercher. Pour connoître l'esprit humain, il faut donc connoître les lois dont il n'est que la combinaison.

Aristote a dit que la science des principes (à laquelle il a le premier donné les nom de métaphysique) est aux autres sciences ce que l'architecte est aux ouvriers.

J'ai dit que la force motrice des actions humaines est dans la sensibilité, et la direction de cette force dans l'intelligence. C'est ainsi que le ressort fait mouvoir la montre, mais c'est le régulateur qui fait l'heure marquée sur le cadran.

Mens agitat molem. C'est l'âme qui meut la matière. Cela est tellement vrai, que l'empire des idées est en raison de leur hauteur, c'est-à-dire, de leur universalité ; de manière que partout où les abstractions sont senties, la plus élevée domine ses subordonnées.

Nous faisons tous de la métaphysique sans le savoir, comme le Bourgeois-Gentilhomme faisoit de la prose sans le savoir. Les hommes les plus vulgaires sont dirigés par des espèces de principes, c'est-à-dire, par des idées un peu généralisées. Chacun a son petit zénith de pensée, chacun a son dicton, son proverbe, ou sa sentence favorite, d'après laquelle il se conduit.

Voyez les débats animés des orateurs de nos jours. Chacun cherche à se placer dans quelque principe élevé, comme à la guerre on cherche des positions pour dominer l'ennemi. N'est-ce pas avouer que c'est aux principes qu'est dû l'empire de l'homme sur l'homme?

La législation, la morale, la théologie même, ne sont que des recueils d'idées un peu généralisées, qui attendent leur lumière d'en haut, je veux dire de principes plus élevés. Les lois qui régissent ces sciences, il faut les chercher dans les lois de l'intelligence et de l'imagination, dont se compose le véritable code de l'esprit humain.

N'est-il pas étrange qu'on ne se soit jamais avisé de voir que le sentiment est une des forces élémentaires de la pensée? Faut-il s'étonner qu'on n'ait rien compris au mécanisme du monde moral, puisque la puissance motrice de ce monde en étoit toujours bannie? On a beaucoup écrit sur les sentimens, mais je n'ai trouvé nulle part l'origine, la classification ni les lois de nos sentimens. Personne encore n'a fait voir qu'ils font partie intégrante de la pensée.

Ce que Bacon a dit de son temps est vrai de nos jours. *Les sciences intellectuelles*, dit-il, *sont adorées comme des statues, et immobiles comme elles.* Un homme de génie a-t-il fait un système de philosophie, le vulgaire des penseurs court aussitôt l'adorer, et en reste là.

Cette adoration pour les sciences rationnelles prouve l'empire de ces sciences sur tous les hommes capables de les comprendre. Chacun s'approche plus ou moins respectueusement de quelque système, sans penser que la véritable lumière de la philosophie rationnelle ne peut venir que de nous-mêmes. Le philosophe moral n'est que l'historien qui nous présente des documens dont nous avons tous les originaux dans notre âme.

C'est une chose remarquable de voir de nos jours les progrès des sciences physiques à côté de l'agitation stérile, ou plutôt de l'immobilité des sciences rationnelles. Quelques principes de chimie, les gaz, par exemple, une fois trouvés, tous les hommes se précipitent vers ces points lumineux, et la science fait d'immenses conquêtes. Un grand principe est-il trouvé, les applications s'en multiplient de toutes parts, et la science s'étend jusqu'à - ce que ces applications soient épuisées, ou qu'on ait quelque nouveau principe.

Il n'en a pas été de même des sciences rationnelles. Kant se présente à l'Allemagne tout couvert de nuages. On est quelque temps sans le voir, puis on se précipite vers cette apparition inattendue. Mais la science de l'esprit humain, loin d'aller en avant sur les pas de Kant, semble avoir pris une marche rétrograde. On ne s'en aperçoit que trop lorsqu'on voit en Allemagne le plus noble des sentimens, l'amour de la liberté, privé de guides et de principes, demeurer stérile, mal dirigé, et peut-être plus mal amendé. La connoissance de l'homme est-elle imparfaite, les lois et la morale s'en ressentent aussitôt.

Les François, moins spéculatifs, moins guidés que les Allemands par des notions générales, font moins d'écarts en théorie. Ils sont bien plus sujets à se passer de principes qu'à abuser des principes. Leur grande sociabilité les ramène sans cesse à la réalité des choses, ce qui est un bien ; mais leur désir de plaire les fait céder à l'opinion du moment, ce qui est un mal. Ce n'est que par la généralisation des idées, que l'homme peut sans danger s'élancer dans l'avenir. Mais en psycologie, cette généralisation, ce vol élevé vers les principes, ne s'est point fait, et les régions de l'esprit humain me semblent encore inexplorées.

Une bonne psycologie suppose l'étude de l'homme concret, c'est-à-dire, de l'homme, tel qu'il se présente à l'observateur ; mais rien n'est plus rare que d'observer *dans leur ensemble* une foule de petits faits psycologiques et de les observer précisément tels qu'ils se présentent à nous. Bonnet, dès le premier pas de son *Essai analitique*, est tombé dans les abstractions ; il a cru construire l'esprit humain pierre à pierre, comme on élève un édifice. Tout ce qui est vie, mouvement, gaz, lui ont échappé, et son travail est demeuré stérile.

N'est-il pas bizarre que, dans les sciences de faits, on oublie les faits pour les raisonnemens (1). N'avons-nous pas vu l'étude des plantes abandonnée durant plus de douze siècles, pour savoir ce que

____

(1) La raison de ce phénomène, c'est que les mots appellent les mots, de manière qu'une fois plongé dans l'atmosphère visqueuse de la parole, on ne s'en dégage qu'avec effort. L'amour même de la science produit la discussion, et encore des paroles et des paroles animées par la controverse. Tous cela forme enfin une océan de mots, de phrases et de livres, où l'esprit humain se noie, comme cela est arrivé à la Théologie.

Théophraste ou Dioscoride avoient dit ! Il en est de même de la psycologie, qui nous touche de bien plus près que les plantes. N'est-on pas sans cesse à se demander ce que tel philosophe a dit ou voulu dire, tandis que cette pensée, dont ils parlent, est en nous et devant nous à chaque instant de la vie.

C'est donc cette pensée qu'il faut étudier, non dans les copies défigurées par les sectes, mais dans l'original déposé dans nous-mêmes.

Mais voici la grande difficulté de ce travail : Ce que nous appelons *pensée* est presque toujours un composé de sentimens et d'idées. Or, il est de la nature de l'*attention* de faire disparoître le sentiment ; de manière que l'attention, que nous portons à la pensée que nous observons, la dénature, en la concentrant dans les *idées*, ce qui en fait disparoître la partie gazeuse, appelée sentiment.

Règle générale : l'homme qui sent ne voit pas l'homme qui pense, et l'homme qui pense ne voit pas l'homme qui sent ; et comme, dans presque tous les momens de sa vie, l'homme est sentant et pensant à la fois, et, le plus souvent, encore plus sentant que pensant, il en est résulté que l'homme réel est demeuré invisible aux yeux du penseur profond.

Toute analyse que nous faisons en apparence des objets de nos recherches, n'est en réalité que l'analyse de nos propres idées. Nous croyons toucher aux objets, lorsque nous ne touchons qu'aux idées ; nous oublions que nous ne voyons nos idées que dans le miroir de nos sens.

Mais, si ce que nous appelons *pensée* étoit composé d'élémens divers dont chacun suivît des lois particulières, il seroit de la plus haute importance de connoître ces lois et ces élémens, pour avoir, en quelque sorte, une formule universelle de l'analyse de nos idées.

J'ai fait voir dans mon ouvrage, que la pensée se compose de trois élémens distincts dont chacun a ses lois particulières.

Le premier de ces élémens, je l'appelle *idée*, et je définis l'idée : *toute représentation d'un objet extérieur arrivée par quelqu'un de nos cinq sens*, comme son, couleur, etc. Cette définition revient à peu près à celle que Locke donne de la sensation.

Le second élément de la pensée vient du sens intérieur appelé sensibilité : je l'appelle *sentiment*. Je fais voir que toute *sensation* renferme à la fois sentiment et idée, puisqu'elle affecte toujours à la fois le sens intérieur et le sens extérieur.

Le troisième élément, je l'appelle *Rapport*, et je définis le rapport : le résultat de la comparaison *de deux ou plusieurs idées*. Quand je dis A plus grand que B, l'idée *plus grand* est un rappport qui n'est ni l'idée A, ni l'idée B, mais un produit de l'esprit. Ce rapport fait le *lien des idées et l'âme de la pensée*.

L'idée et le *sentiment* ne peuvent jamais composer une pensée, la *pensée*, supposant essentiellement un *rapport* (1), c'est-à-dire, un lien, sans lequel les idées et les sentimens seroient, comme les lettres isolées, sans aucun sens (2).

Cette classification des élémens de la

-----

(1) Affirmation ou négation.

(2) Analysons l'idée la plus simple : La rose a une agréable odeur.

L'analyse de cette phrase me donne les *idées* rose et odeur. Ces idées sont le produit de deux sensations. Le mot *agréable* est une sensation des sens intérieurs, qui peut se lier ou ne pas se lier avec l'idée de rose. Enfin les mots *la*, *a*, *une*, sont des *rapports* nés de l'entendement.

On voit que, sans les *rapports*, les idées *rose* et *odeur*, et le sentiment exprimé par le mot *agréable*, n'auroient point de sens. Mais le *sens* d'une phrase, toujours né d'un rapport, ne fait partie ni des sensations, ni des sentimens. La pensée n'est donc point un composé de sensations ou d'idées, mais un Tout, qui n'a de sens et de vie que par les rapports nés de la faculté appelée intelligence.

On voit dans cette simple phrase les trois élémens de la pensée, dont chacun a ses lois particulières (idée, sentiment et rapport.)

pensée suppose l'analyse de l'imagination et de l'intelligence.

J'ai donné, dans cet ouvrage, un grand développement à la théorie de l'Imagination, publiée il y a quinze ans. J'avois fait voir dans mes Recherches sur l'Imagination, que la force motrice de cette faculté réside dans la sensibilité. Une analyse plus approfondie et plus prolongée, m'a fait apercevoir qu'il y a dans l'imagination trois classes de sentimens parfaitement distinctes, dont chacune a ses lois particulières; ce qui répand un jour nouveau sur cette faculté.

Je fais voir dans cet ouvrage que la sensibilité, motrice de nos idées, renferme : I.º le sens de nos besoins matériels, II.º le sens du beau, et III.º le sens moral.

I.º Les *besoins matériels* ont leurs lois dans l'organisation matérielle de l'homme.

II.º Le *sens du beau* a son principe placé dans les profondeurs de l'âme. Il émane de certains rapports entre les sensations; car, aucune sensation isolée n'est belle. Le sentiment du beau ne se développe que peu-à-peu; son principe, qui réside dans l'âme, assortit les sensations selon les lois de l'harmonie, qui, en réunissant plusieurs sensations dans un sentiment commun, produit ce qu'on appelle l'*unité*.

III.º Le *sens moral*, placé, comme le beau, dans les profondeurs de l'âme, est le sens qui nous instruit des sentimens d'autrui. Cet organe, qui fait que nous aimons ou haïssons, est cause que les hommes se repoussent ou s'attirent, suivant les sentimens qu'ils s'inspirent réciproquement. On voit que le sens moral est le fondement du système social.

Le sens moral est la source de l'honnête; le sentiment de nos besoins est le fondement de l'utile (1). Dans le domaine

---

(1) Ce qui rend presque interminable la querelle de l'utile avec l'honnête, c'est qu'on peut très-bien prouver qu'il est toujours utile d'être honnête. L'iden-

de l'utile, l'homme est à la fois *sujet* et *objet* d'un désir : dans le domaine de l'honnête, il est sans doute toujours lui-même le sujet de ses propres affections, mais, il n'en est pas toujours l'*objet*. Si quelquefois nous préférons autrui à nous-même, c'est au sens moral que la gloire en est due. Toute la question sur l'utile et l'honnête se réduit à savoir : si c'est toujours le *moi* qui est (non le sujet) mais l'*objet* de nos préférences.

Je viens de faire le tour du pays de l'Imagination. On voit que trois puissances s'en partagent l'empire.

---

tité de ces deux choses prouve l'harmonie parfaite du sens moral avec la raison, qui fait que le sentiment approuve tout ce que la raison conseille. Mais s'il est vrai que l'homme n'est mu que par le sentiment, la raison ne sauroit donc produire la vertu pratique, puisque ce n'est jamais la raison, mais le sentiment qui fait agir. En démontrant la liaison intime, je dirois presque la combinaison chimique des sentimens moraux avec la raison, j'ai fait voir que, lorsqu'on ne croit agir que d'après la raison, on n'est réellement déterminé et mu que par le sentiment.

Je définis l'Imagination : l'action et la réaction des sentimens sur les idées et des idées sur les sentimens, et j'observe que cette action et réaction provient de l'action et réaction des sens extérieur et intérieur l'un sur l'autre.

Passons à la faculté appelée Intelligence.

J'appelle *Intelligence* la faculté de former des rapports. Par *rapport*, j'entends le produit de la comparaison de deux ou plusieurs *idées*. On sait que l'idée est la représentation d'un objet *extérieur*.

Il faut, dès le premier pas, distinguer les résultats des comparaisons qui se font dans le domaine de l'imagination, des résultats de comparaisons qui se font dans le domaine de l'intelligence.

Les comparaisons de l'imagination donnent toujours pour résultat des *préférences*, tandis que les produits de l'intelligence donnent toujours des *rapports*. C'est là le point de divergence des deux facultés.- Quand je compare l'odeur de la rose à celle de l'œillet, c'est pour savoir laquelle je préfère ; mais quand je compare deux quantités, c'est pour connoître leurs rapports.

Tout énoncé d'un rapport, je l'appelle *vérité*, et je distingue la vérité intérieure de la vérité extérieure, ou conformité de l'idée avec l'objet extérieur d'une sensation des cinq sens.

J'appelle *abstraction* le produit de la comparaison de plusieurs rapports. La simple comparaison d'un angle avec un autre angle ne produit point encore d'abstraction, mais le résultat de plusieurs comparaisons donne naissance aux abstractions.

Les idées qui, forment les rapports, sont nées dans la sensation ; mais les rapports nés de ces idées sont les produits de l'entendement. Ce que nous appelons *plus* ou *moins*, *identité* ou *diversité*, ce ne sont ni des idées, ni des sentimens, mais des rapports.

Les deux facultés actives de l'esprit humain ont une tendance absolument différente. L'imagination va du bien au mieux ; son guide est le sentiment : l'intelligence s'élève de vérité en vérité ; son guide est le singulier instinct de l'âme de rapprocher les idées par leur rapport, jusqu'à les faire arriver à l'évidence (1).

J'ai défini l'*évidence* : le sentiment complet de l'unité de conception. Là, l'intelligence s'arrête pour aller répéter son travail sur les idées qui ne sont point encore arrivées à l'évidence.

____

(1) Les phénomènes, qui nous font supposer deux facultés distinctes dans l'âme, prouvent qu'il y a deux forces dans l'esprit humain, celle de l'Imagination qui fait aller les idées d'après les lois de la sensibilité, et celle de l'Intelligence qui tend sans cesse à produire des rapports. Il y a un principe de mouvement dans l'intelligence qui tend à rapprocher les idées par leurs ressemblances pour former des rapports et arriver à l'évidence, comme dans l'imagination il y a un principe toujours actif qui va cherchant le *mieux* dans le sens de nos besoins, dans le sens moral, ou dans le sens du beau. Tous les phénomènes de l'esprit humain ne sont que les résultats de ces deux forces, ou les résultats de la combinaison de ces forces entr'elles.

Cet instinct de l'intelligence qui tend à l'évidence, est le principe moteur des lois dont le recueil forme la logique. La marche de l'esprit humain s'élevant à la lumière, je l'appelle *développement* de l'esprit. Son produit est la *connoissance*.

L'imagination et l'intelligence ont des lois totalement différentes, et néanmoins leurs élémens (sentiment et idées) sont toujours plus ou moins liés. et combinés l'un avec l'autre.

L'esprit humain marche donc toujours par la diagonale qui représente le produit de deux forces. Quand le sentiment prévaut sur les idées, l'esprit suit les lois de l'imagination ; quand les idées dominent le sentiment, il suit les lois de l'intelligence.

Le résultat suprême des opérations de l'esprit humain, est le bonheur de l'homme. J'ai fait voir que le *bonheur* résulte de l'harmonie qui existe entre la faculté de sentir et celle de penser.

Les lois de cette harmonie composent

la *morale*. Mais comme le bonheur de l'homme dépend encore plus de ses semblables que des choses., toute la partie active et sociale de la morale est opérée par les lois du sens moral éclairé par la raison.

Que de merveilles dans l'homme ! Tout y est germe et avenir. La faculté de sentir s'élève peu-à-peu avec l'harmonie des sentimens dont le germe est déposé dans les profondeurs de l'âme. La pensée aussi s'élève avec la pensée, et tout, dans l'intelligence, tend au développement des rapports., dont le tableau vivant compose la représentation de l'univers ! La faculté de connoître, qui nous met en harmonie avec les objets extérieurs sous le nom de raison., dirige le sens moral vers la grande harmonie de nous avec ce qui n'est pas nous. Un accord suprême entre la faculté de sentir et celle de penser, réunit notre Être dans les grandes lois de l'harmonie dont se compose le bonheur. Plus l'homme s'éclaire, plus aussi le sentiment s'épure;

le cœur élève la pensée, et la pensée éclaire le cœur.

La direction de toutes nos facultés indique un point central de rencontre, placé au-delà de cette vie. Toutes les puissances de l'âme se dirigent vers cette harmonie élevée. Dans la faculté de penser, tout tend à l'ordre et à la hauteur de la pensée : dans la faculté de sentir, tout tend au bien de tous en général, et de chacun en particulier, et cependant tout, sur cette terre, nous semble confusion, désordre et malheur !

Si la perfection de notre Être consistoit dans son développement, son imperfection seroit dans son non-développement. Le sentiment même du mal seroit le motif perpétuel d'aller au moins-mal et au mieux. Telle seroit la condition de notre existence.

La véritable vie de l'homme réside dans l'âme. La direction de tous ses élémens, leur point de rencontre, dépassent de toutes parts les limites de la vie terrestre.

Mais qu'est-ce que la vie? qu'est-ce que la mort? Si la vie réside dans l'âme; si sentir et penser c'est vivre, les sens, qui ne sont que les porte-voix des objets extérieurs, ne composent pas la vie, pas plus que le son ne compose l'ouïe.

Les sens, nés sans doute de l'affinité de la partie spirituelle avec la partie matérielle de l'homme, seroient-ils les uniques rapports de l'âme avec la matière? Avons-nous jamais vu les êtres sortir de leurs rapports? Tout, dans l'univers, n'est-il pas une succession de rapports et de mouvemens? tout n'y est-il pas métamorphose et changemens, quoique tout y suive des lois invariables?

Si l'âme existe (et comment en douter!) il y a dans ce vaste univers, quelque chose de plus que ce que nous appelons matière. Il y a donc deux ordres de lois, un ordre spirituel et un ordre matériel, sans doute en rapport constans l'un avec l'autre. Ces rapports, quels sont-ils?

Y a-t-il un Dieu ? Quelle lumière semble jaillir de ce nom sublime ! sans l'idée d'une Intelligence suprême, tout, dans l'univers, n'est que ténèbres ; avec elle, tout renaît, tout s'embellit, tout devient espérance et amour.

L'avenir est la mesure de Dieu, et Dieu est la mesure de l'avenir. Il existe, il est éternel, et le hasard a disparu pour faire place à l'ordre ; le mal a disparu, comme l'ombre à l'approche du jour, et la vie est venu s'asseoir sur la tombe de l'homme !

On voit que l'idée de l'existence de Dieu et de l'immortalité de l'âme, sont venues se placer au bout de mon travail, comme une brillante perspective qui va se perdre dans les régions de l'infini.

J'ai été affligé de voir l'homme haïr l'homme qui va à la recherche d'un bien qui n'a de réalité qu'autant qu'il est le bien de tous et le bien de chacun. Je n'ai vu dans la *lib rté*, que tous les hommes réclament, que le développement harmonique de leurs facultés qui s'ennoblissent par ce développement, comme la musique s'embellit par le développement harmonique des sons? Ne semble-t-il pas qu'il y ait place pour la liberté de tous les hommes, comme eu musique il y a place pour toutes les harmonies?

On ne peut nier les progrès des arts et des sciences, qui, loin de se nuire, s'entraident dans leur développement. En seroit-il autrement des progrès de la liberté?

J'ai cherché la nature de cette apparition que, sous le nom de liberté, nous voyons s'élever avec tant d'éclat sur l'horizon de notre siècle. Quel plus noble emploi pouvois-je faire de mon temps, que de chercher dans les lois de l'avenir les grandes lois de la destinée humaine?

Ces lois, j'ai cru les trouver dans l'harmonie de nos facultés, marchant de concert à la félicité universelle. J'ai vu tous les hommes chercher par instinct cette haute destinée de leur être. Il m'a semblé qu'il suffisoit de la leur indiquer pour calmer leurs haines et appaiser leurs discordes. Ne sommes-nous pas tous d'une même caravane? N'allons-nous pas tous à la Mecque, et vaut-il la peine de se quereller sur la route si souvent aride de la vie?

Si les rapports d'homme à homme étoient indifférens, il n'y auroit ni bonnes ni mauvaises actions; il n'y auroit ni vice ni vertu. Ces rapports supposent des convenances préétablies entre les êtres; et si le mouvement de ces convenances étoit progressif, je l'appelerois développement, harmonie.

Il y a, entre les lois de la liberté et celles du despotisme, cette différence, que les lois de la liberté sont celles des choses, c'est-à-dire de la justice, et les lois du despotisme, celles de l'homme.

Nul homme ne peut mettre sa volonté à la place des choses et de leurs rapports. Que diriez-vous du jardinier qui prétendroit diriger les fibres et les vaisseaux de ses plantes? Le bon jardinier ne fait pas les lois de la végétation, mais il suit et emploie celles qui font croître et prospérer ; bien persuadé que le bien de son jardin fera la prospérité du maître. L'organisation morale est-elle moins précise, moins délicate que l'organisation matérielle ? et n'y a-t-il pas plus de danger à blesser cette nature morale de l'homme, que la nature organique des végétaux ?

Passons aux sentimens moraux.

L'unité de l'âme ne consiste pas à n'y rien voir de distinct, à n'y pas remarquer des facultés diverses. Son unité consiste dans une centralité d'action, à laquelle toutes les actions subordonnées vont se rattacher. Tous les corps organisés ont cette centralité. C'est à la bien saisir que consiste la véritable connoissance de ces Êtres ; c'est sur elle que repose leur classification.

Notre âme est comme plongée dans une atmosphère d'élémens spirituels, très-actifs, dont la combinaison fait la destinée de l'homme. Je marche, et mille objets divers se présentent à mes sens. Il en est qui sont en rapport avec mes *besoins matériels*. Ces besoins sont-ils satisfaits ? je me sens frappé par ce qui est *beau* ou laid, par ce qui me plaît ou déplaît. Suis-je avec des hommes ? leur paroles, l'accent de leur voix, leurs regards, leurs gestes ; en un mot, tout ce qui émane du *cœur* vient faire le plaisir ou le tourment de mon âme. Si ma sensibilité n'est affectée par rien ; les *idées*, nées des objets extérieurs, viennent exciter le besoin de penser et commencer ce système de rapports, dont l'ensemble compose le vaste édifice des connoissances humaines. Ces quatre élémens (1) , qui constituent l'atmosphère spirituelle de l'homme agissent sans relâche, séparément ou concurremment, sur les sens extérieurs et intérieurs; et comme chacun de ces gaz a ces lois particulières, c'est de la connoissance de

______

(1) Les idées, les sentimens de nos besoins ; le sentiment du beau , et les sentimens moraux.

ces lois que résulte la connoissance de l'esprit humain et la révélation de la destinée humaine.

N'est-il pas étrange que les lois de la sensibilité aient jusqu'ici échappées aux recherches de la psycologie ?

Analysons le langage, et nous le trouvons composé de *sentimens*, d'idées et de rapports. En laissant le sentiment en dehors de l'esprit humain, il ne nous est resté que la logique; et les lois de l'homme actif, de l'homme sentant, de l'homme réel sont demeurées étrangères à nos recherches.

L'analyse de l'esprit humain, suppose la connoissance des lois de l'imagination et des lois de l'intelligence. Mais elle suppose de plus la connoissance *de la combinaison de ces lois*, qui constitue tout ce que nous appelons *morale*. C'est dans cet état de combinaison qu'il faut chercher la connoissance de l'homme social, de l'homme tel qu'il se présente à à nous dans ce que nous apelons le monde.

L'influence des sentimens sur les idées est le principe fondamental, et pour ainsi dire la clef de mon ouvrage. Dans mes Recherches sur l'Imagination (1), j'avois développé cette grande influence, qui fait le lien de l'homme pensant et sentant. Dans cet ouvrage-ci, je me suis particulièrement appliqué à étendre la théorie de la sensibilité, ce qui a fini par me conduire à la connoissance des trois grandes classes de sentimens, dont chacune a ses lois à elle. Et si, dans le domaine de l'imagination, la pensée suit les lois de la sensibilité, on conçoit que l'énoncé de ces lois, motrices de la pensée, jette un grand jour sur la marche de l'esprit humain.

J'ai toujours déploré de voir l'indifférence des hommes de mon temps pour l'étude de l'homme; mais j'ai cessé de m'en étonner quand j'ai vu le sentiment banni du code de l'esprit humain, et

____

(1) Cet ouvrage se trouve chez J. J. Paschoud, Imp. Lib. à Genève et à Paris.

rejeté comme contrebande hors de l'enceinte des sciences rationnelles.

Quelle triste étude de l'homme, que celle qui le rend étranger à la sensibilité? Et cette science sans cœur seroit la connoissance de l'homme !

N'est-ce pas lorsque l'âme est froissée dans ses plus chères affections qu'elle va cherchant cette pensée élevée que nous appelons philosophie ? Mais la philosophie sans principes est vague et mensongère, et celle qui prétend en avoir se trouve aride et désespérante, parce que nous l'avons rendue étrangère au sentiment, et presque l'ennemie de la sensibilité !

Les lois qui attirent et repoussent les sentimens moraux, règnent sur le mobile élément des destinées humaines ; et nous qui calculons les mouvemens de l'air et des ondes, nous ignorons les loix des mouvemens du cœur, qui font le bonheur ou le malheur de l'homme!

J'ai cru voir dans la théorie des senti-

mens moraux la loi générale de ses mouvemens. Je fais voir comment le sentiment parle au sentiment, et par quelle
magie les cœurs parviennent à s'entendre
et à se parler.

Ce ne sont pas les *idées*, mais les
sentimens qui produisent ce que nous
appelons *action*.

J'ai cherché à développer cette admirable harmonie de nos facultés qui fait
que le sentiment développe la raison, et
que la raison développe le sentiment de
manière que l'imagination et l'intelligence
dans leur marche simultanée déploient
cette noble harmonie de l'âme qui produit peu-à-peu ce que nous cherchons
sans cesse sous le nom de *bonheur*.

La morale me paroît avoir deux parties
très-distinctes; l'une nous enseigne nos
devoirs, qui sont toujours fondés sur le
rapport de nos actions avec le bien de
la société; l'autre, puisée dans la théorie
des *motifs*, c'est-à-dire, dans la théorie
des sentimens moraux, nous fait con-

noître les rouages qui meuvent l'aiguille de nos actions d'après la règle de nos devoirs. Cette dernière partie m'a paru tout-à-fait négligée. On prêche de partout aux aiguilles, mais on ne les fait pas marcher, parce que notre empire sur elles suppose la connoissance de nos sentimens, qui, malgré tant de livres, n'est pas faite encore.

Je me suis appliqué à chercher les lois de nos mouvemens moraux, et j'ai cru les trouver *dans le besoin de sentimens sympathiques.* Cette partie, je ne l'ai point développée; elle feroit à elle seule le sujet d'un ouvrage.

Quelle noble étude que celle de l'homme, qui nous fait voir de partout de grandes harmonies déposées dans le fond de notre Être! La vertu qu'est-elle si ce n'est le résultat naturel de la raison, qui éclaire, et du sens moral qui fait agir? Et le bonheur qui résulte de l'harmonie de la faculté de sentir avec la faculté de penser, d'où naîtroit-il, si ce n'est du même accord entre ces facultés ? mais tous ces accords ne sont que le développement de notre Être , dont le besoin connu sous le nom de l'amour de la liberté , se dirige vers le bonheur sur la route même de la vertu. Vertu, liberté, bonheur, ces nobles résultats de notre Être composent donc la véritable nature et la véritable destinée de l'homme !

Après avoir donné une idée du contenu de mon ouvrage, je dirai un mot de sa forme.

Je l'ai intitulé Étude ou Recherches, parce qu'il n'est que cela. Mes idées se sont rapprochées et liées peu-à-peu sans aucun effort. Je les ai données telles qu'elles se présentoient à moi, me faisant un devoir de ne dire que ce que je voyois. J'ai parlé diversement de la volonté, parce que je n'ai aucune idée bien arrêtée sur la nature de cette faculté ! J'ai laissé de côté la théorie du langage, de manière que mon ouvrage est loin d'être un système de psycologie.

La prétention d'être complet en psy—
cologie entraîneroit à parler de ce qu'on
ne sait pas. Les régions de la physique,
l'univers matériel est sans bornes pour
l'homme. Qui doute que le monde spi-
tuel, que l'univers des âmes, que les
régions des Intelligences soient moins
étendues que celles des corps ? Il n'est
pas donné à un seul homme de connoître
leur ensemble.

Ne nous étonnons pas si la science des
corps a fait tant de progrès, tandis que
celle de l'esprit est si peu connue encore.

Il est de la nature de l'esprit humain
de connoître les objets extérieurs avant
le sentiment et la pensée, et de ne passer
à l'immatériel que par le matériel. Les
sentimens de nos besoins ont précédés les
beaux arts, et les beaux arts ont précédés
les sciences : partout la matière a devancé
l'esprit, partout l'imagination a frayé la
route à l'intelligence.

Une autre raison de la préférence
donnée aux sciences physiques sur les

sciences immatérielles , c'est l'intolérance des sciences immatérielles. Si les hommes permettent à peine à la terre de tourner, comment permettront-ils à la psycologie d'éclairer les régions de la pensée? Quelle n'a pas été naguère l'intolérance de la théologie, de la législation et même de la morale. Toutes ces sciences à gens d'armes avoient soin d'écarter les idées qui n'étoient pas les leurs. On diroit que leurs doctrines étoient sorties toutes parfaites du cerveau de l'homme ? et c'est dans leur empire que chacun se croyant infaillible accuse de méchanceté, d'hérésie et d'erreur quiconque ne pense pas comme lui! Comment arriver à quelque harmonie dans ce chaos tumultueux des opinions humaines , si ce n'est par la tolérance, par la raison, c'est-à-dire, par le travail, par l'étude, par l'erreur même, non par l'erreur fixée, mais par l'erreur rendue mobile par la liberté de toutes les opinions , dont la plus nécessaire est la liberté de se tromper.

La théologie même est une science comme tout autre. Elle repose toute entière sur l'idée d'une Suprême Intelligence. Mais cette idée suppose quelque connoissance de l'intelligence, que nous ne pouvons avoir que par l'étude de notre propre esprit. J'ai fait voir que la psycologie est comme l'entrée dans les régions des âmes. Cette science a deux résultats de la plus haute importance; l'un de nous dire ce que nous pouvons savoir des Etres intelligens; l'autre de détruire cette innombrable foule d'erreurs et d'absurdités, qui, comme des plantes vénéneuses et parasites, ferment le passage aux régions immatérielles, que tous les cœurs semblent chercher par instinct, comme la véritable patrie de l'homme.

Les lecteurs superficiels m'accuseront peut-être de manquer de méthode et de me répéter souvent. On appelle quelquefois méthode une certaine régularité symétrique qu'on aime à retrouver dans les ouvrages qu'on ne fait que parcourir.

Mais, quiconque voudra méditer sur les objets traités dans cet ouvrage, verra la nécessité de revenir souvent aux mêmes pensées. L'Essai Analytique de Bonnet est plein de renvois à ce qu'il avoit déjà dit.

Je me plais à errer dans les beaux déserts de la philosophie rationnelle. J'y ai percé des sentiers et peut-être frayé quelques routes. Souvent, pour m'orienter, je suis revenu aux mêmes lieux, et j'ai parcouru les mêmes régions afin de pénétrer plus loin encore. J'ai esquissé la carte de l'esprit humain, sans prétendre la saisir dans son vaste ensemble. Rien n'est plus aisé que de faire un système, en suppléant ce qu'on ne sait pas, par ce qui convient à l'ensemble que l'on cherche. Mais ce n'est qu'en ne disant que ce qu'on a senti, qu'on parvient à quelque vérité.

Depuis cinq ans, que je travaille à cet ouvrage, j'ai été sans cesse frappé de l'intolérance des hommes de mon temps.

La paix que je ne trouvois pas chez les hommes, j'aimois à la retrouver dans la douce solitude de ma pensée. Il y a dans l'âme des régions de paix éternelle où l'on aime à se placer. Ces hautes régions d'une sérénité constante, situées au-dessus des orages, sont dans les méditations où le cœur a quelque part. La philosophie rationnelle, en bannissant la sensibilité de la théorie de l'esprit humain, étoit devenue étrangère à l'homme. En rendant le cœur citoyen de la pensée je lui ai rendu ses droits : En faisant sa paix avec la philosophie, j'espère avoir reconquis à l'étude de l'esprit humain l'intérêt qu'elle semble avoir perdu chez les hommes.

ÉTUDES DE L'HOMME,

ou

Recherches sur les facultés de sentir et de penser.

~~~~~~~~

PREMIÈRE PARTIE.

SENSATION.

~~~~~~~~

CHAPITRE PREMIER.

De l'union des deux organes qui constituent l'homme. Il faut considérer l'âme comme un organe, intimément lié avec le système nerveux.

LE corps est lié à l'âme par le système nerveux.

Le système nerveux renferme dans son organisation un sens particulier, destiné à être immédiatement en rapport d'un côté avec l'âme et de l'autre avec l'automate. Ce sens, que j'appelle *sensibilité*, est la source première de toute sensation intérieure, et de ce que j'appelle *sentiment*, en distinction des sensations *extérieures*, que j'appelle *idées*. Par exemple, le sentiment de la *soif* est un sentiment intérieur, et l'eau que je *vois* est une *idée* ou représentation d'un objet extérieur : l'un et l'autre (le sentiment et l'idée) sont plus ou moins présens dans la sensation.

Je pose comme principe, d'après Bonnet, et d'autres philosophes, que rien ne se passe dans l'âme sans produire quelqu'effet sur l'organe de la sensibilité, et que rien ne se passe dans cet organe sans être senti par l'âme.

L'âme et les organes extérieurs et intérieurs, en rapport avec elle, sont réciproquement effet et cause l'un de l'autre. Cependant chacun de ces deux agens (l'âme et les organes) forment un tout particulier, qui a son principe moteur à lui. Le corps croît d'après ses propres lois, l'âme s'élève et pense d'après ses lois à elle : chacun de ces agens a son point central de développement. Alliés ensemble comme cause et effet, chacun n'en suit pas moins ses propres lois. Les lois du développement du corps, après avoir donné l'éveil à l'âme , tendent à la destruction du corps , tandis que les lois du développement de la pensée tendent vers un développement ultérieur. La connoissance de l'ensemble des lois des deux substances (de l'âme et du corps) constituent l'*idée* que nous avons de l'homme.

CHAPITRE II.

De l'action émanée de l'âme même. L'action de l'organe nerveux et de l'organe spirituel se trouve réunie dans la sensation. Effet de cette combinaison.

On peut, *dans l'âme même*, distinguer quatre espèces d'actions. 1.° Celle de produire des sensations. Bonnet a prouvé que l'action apparente des organes sur l'âme (qui produit la sensation) suppose l'exercice de l'activité de l'âme. Le mouvement peut produire le mouvement, mais ce n'est jamais que l'âme même qui produit une sensation à l'occasion d'un mouvement de l'organe. 2.° L'âme *combine* ses idées d'après ses propres lois. 3°. L'âme *produit* les idées de rapport qu'on ne sauroit expliquer par la simple action des organes :

elle produit aussi les préférences (1). 4.° Elle renforce ou affoiblit les idées et les sensations par un acte de sa volonté.

Dans les organes je ne vois jamais que mouvement, dans l'ame je ne vois que *sensation*, c'est-à-dire, *idée* et *sentiment*, comme on l'expliquera dans la suite.

L'ame sent, combine, compare, préfère, agit.

Les deux élémens de notre être spirituel (le sentiment et l'idée) se trouvent réunis dans la sensation. Lorsqu'ils agissent séparément l'un de l'autre, ils semblent suivre des lois particulières, avoir des directions opposées et des mouvemens opposés, de manière que l'*idée* semble suivre de préférence les lois de l'*intelligence*, et le *sentiment* les lois de l'imagination ; mais dans la vie active de l'homme

(1) J'ai la perception de cette maison que je regarde ; mais quoique l'idée de cette maison naisse en conséquence de l'action de ma rétine, l'idée que je m'en fais n'en est pas moins le produit de mon esprit. Cette maison est *carrée*, dis-je ; mais l'idée de carrée est un rapport né dans mon esprit ; *elle est blanche*, voilà un attribut lié à un sujet, etc. On voit que ce n'est jamais que l'esprit qui voit : les sens ne nous donnent que les matériaux de nos conceptions.

social, ces deux élémens de la sensation (idée et sentiment) se trouvent toujours combinés l'un avec l'autre.

Toute combinaison dans laquelle le *senti-ment* prévaut sur l'idée appartient à l'imagi-nation, et toute combinaison dans laquelle l'*idée* prévaut sur le sentiment est du domaine de l'intelligence. Chacune de ces deux facultés actives de l'âme a ses lois particulières.

L'organe moteur de l'imagination est placé dans la sensibilité ; le principe moteur de l'in-telligence réside dans l'âme même et suit des lois toutes spirituelles.

CHAPITRE III.

Développement de ce qu'il faut entendre par sensation.

C'est dans la sensation qu'il faut chercher la source première des connoissances humaines, puisqu'elle est à la fois la source de la faculté de sentir et de celle de connoître.

La sensation est le produit de l'action si-multanée des objets extérieurs sur les deux organes intérieurs et extérieurs. La sensation renferme donc en elle-même le premier mo-teur des deux facultés actives de notre être , celle de connoître et celle de sentir. Par exemple, l'œil affecté par la couleur verte, est touché à la fois dans la partie de l'organe qui fait naître l'*idée* de cette couleur, et dans la partie qui fait naître un *sentiment* agréable. Une partie de l'organe donne l'*idée* de la couleur, l'autre donne le *sentiment* de *plaisir* que la couleur verte fait éprouver : l'opéraration totale s'appelle *sensation*.

Ce que j'appelle sensation contient à la fois, dans le même organe apparent, une idée (ou représentation d'un objet extérieur) et un *sentiment* de plaisir ou de déplaisir. Ce n'est qu'à ce composé que le nom de *sensation* appartient.

La partie de la sensation qui représente l'objet *extérieur* je l'appelle *idée*, et la partie qui me donne un plaisir ou déplaisir je l'appelle *sentiment*. J'observe que l'*idée* de la couleur verte n'a pu naître que par l'action de l'objet extérieur sur l'organe ; mais l'idée une fois née dans l'âme peut renaître ensuite par la seule excitation du sens intérieur, et sans une seconde action de l'objet extérieur. Cette faculté d'une idée de renaître par l'action du sens intérieur, est l'origine de ce qu'on appelle *mémoire*. On verra qu'il ne faut plus faire de la mémoire une faculté active indépendante de la faculté de sentir ou de connoître : elle n'est que l'excitation de l'organe des cinq sens par le sens intérieur, et suit les lois des deux facultés.

J'ai dit que la sensation est la combinaison de deux élémens, d'une *idée* et d'un *sentiment*, et j'observe que l'*idée* est par sa nature soumise aux lois de l'intelligence, et le sentiment aux lois de l'imagination. Tous les phénomènes de notre être spirituel résultent de cette combinaison.

CHAPITRE IV.

La sensation une fois née, par l'action des objets extérieurs, demeure soumise à l'action de la sensibilité et à l'action de l'âme même.

Le premier pas à faire dans la connoissance de notre être seroit une bonne analyse de la sensation. J'entends par analyse de la sensation, la connoissance des lois particulières des deux élémens (idée et sentiment) qui composent la sensation.

Certainement les organes de la sensation (les

cinq sens) sont calculés pour un double usage.
En eux réside le premier moteur de la faculté
de penser et de sentir. Placés entre le monde
extérieur et intérieur, entre les choses et nous,
ils sont le premier excitateur de l'être mixte,
mu tantôt par le grand organe de la vie, et
tantôt par les lois toutes spirituelles émanées
de la puissance mystérieuse de l'âme, de manière à faire aller l'homme d'un mouvement
toujours plus ou moins composé (1).

CHAPITRE V.

*La connoissance intime de l'homme n'est
point dans la connoissance des idées,
mais dans la connoissance des forces
motrices des idées.*

Une grande erreur en psychologie, erreur
qui est cause du peu de progrès que l'on a

---

(1) Je crois que le premier rappel des idées est dû
à la sensibilité et non à l'âme ; mais toutes les opérations de l'intelligence ne pouvant être attribuées qu'à
l'action de l'âme même, la sensation se trouve par là
soumise au pouvoir de l'âme. Les limites de l'activité
de l'âme sur la sensation sont un objet de recherches
du plus grand intérêt en psychologie.

fait dans la connoissance de l'homme, c'est d'avoir cherché cette connoissance dans la partie passive de notre être (les idées) (1), plutôt que dans les sentimens qui composent sa partie active.

Les *idées isolées* n'ont point de sens, ce sont des hiéroglyphes sans liaison et sans rapports, et sans aucun intérêt.

Les *idées isolées* sont à la faculté de connoître ce que les lettres d'un livre sont pour l'enfant qui ne peut point encore épeler : elles n'ont encore aucun *sens* pour lui. Remarquez que ce que l'on appelle le *sens* d'une phrase, c'est le *rapport* que les mots de la phrase ont entr'eux. *Connoître* c'est

---

(1) J'appelle les *idées* la partie *passive* de notre être, parce que presque toutes nos idées suivent les lois de l'imagination, c'est-à-dire de la sensibilité, et que le premier rappel des idées est toujours dû à quelque sentiment. La force de l'intelligence, appelée *attention*, paroît s'appliquer aux idées *présentes à l'âme*. Y a-t-il un réveil d'idées dû à l'intelligence seule? est encore une question à éclaircir. Les idées, liées par un rapport, sont, sans doute, réveillées par le signe de ce rapport. Il seroit singulièrement intéressant de bien distinguer la mémoire de l'intelligence de la mémoire de l'imagination, c'est-à-dire de la sensibilité. Tout ce travail est à faire.

saisir un rapport ; ainsi le sens des choses n'est jamais dans les choses, mais dans le rapport des choses entr'elles.

Les idées isolées sont des marionnettes couchées dans leur boîte : prétendre connoître l'homme par les idées qu'il a, c'est deviner par l'inspection de ces figures de bois couchées, les drames qu'elles doivent jouer (1).

L'organe de nos sentimens est construit dans le double rapport du monde extérieur et du monde intérieur : il nous tient suspendus entre l'univers des êtres extérieurs, et cet autre univers plus mystérieux encore qui compose le monde intelligent et sensible.

Les véritables *élémens* de nos *connoissances*, ce ne sont pas des idées, mais des *rapports* (2). Tout ce qui est *rapport, juge-*

____

(1) Les idées sont des représentations de quelque objet extérieur ; isolées, elles n'ont aucun *sens* ; elles n'acquièrent un sens que par leur *liaison :* cette liaison est un rapport ou bien une préférence. Les idées sont des touches isolées, qui n'ont de valeur que par leurs combinaisons, c'est-à-dire par les rapports qui naissent de ces comparaisons. La comparaison des idées produit les rapports, la comparaison des sentimens produit des préférences.

(2) Si l'on ouvroit le clavier de notre âme, tel que

ment, *raisonnement*, *connoissance*, en un mot, est *hors* des idées, et tout ce qui est sentiment est encore *hors* des idées. C'est ainsi que les mots d'une phrase composent bien la phrase, mais le *sens* de la phrase est dans l'ensemble des rapports qui la composent.

La vie spirituelle commence par la sensation; la sensation est le point de contact, et, pour ainsi dire, de rencontre du sens intérieur et extérieur. Ce point est-il touché, le grand organe des sentimens et les organes des idées en sont avertis à la fois. Le mouvement du grand organe s'annonce à l'âme par ce que j'appelle *sentiment*, et l'organe des idées s'an-

---

Locke ou Bonnet l'ont vu, on y liroit des hiéroglyphes, c'est-à-dire des substantifs, ou tout au plus des verbes, c'est-à-dire des *substantifs en action*; tout le reste seroit *rapport* ou *sentiment*. Par exemple si je voulois écrire ce vers : « Je chante le héros qui régna sur la France, » en ne notant que les sensations, je ne pourrois noter que, tout au plus, les mots *chante*, *héros* et *France*; tout le reste seroit des rapports ou opérations de l'esprit; *je*, *le*, *qui*, *sur la*, sont des rapports. Dans le vers : « Je crains Dieu, cher Abner, et n'ai pas d'autre crainte, » tous les mots, excepté Abner, seroient des sentimens ou des rapports. Il seroit intéressant de savoir comment on a commencé à écrire les idées de rapport ou à exprimer les sentimens par la peinture.

nonce encore à elle en faisant naître une *idée*
ou représentation d'un objet extérieur, les
deux mouvemens réunis composent la sén-
sation.

On voit que la sensation donne à la fois
l'*éveil* à l'imagination par le *sentiment*, et à
l'intelligence par l'*idée*. Le grand organe de la
vie porte en lui tous les *moyens* d'exécuter la
volonté ; en lui réside cette action continuelle
qui compose la *vie* de l'automate : c'est par
lui que sont exécutés les mouvemens volontaires et involontaires.

CHAPITRE VI.

Toute sensation *affecte à la fois l'organe
des* idées *destiné à représenter les objets
extérieurs, et l'organe des sentimens destiné à instruire l'âme des besoins de l'organe central, appelé* sensibilité.

Les cinq sens font partie du système nerveux. L'action d'un objet extérieur sur l'organe ne peut produire une sensation dans
aucun des cinq sens sans produire un mouvement qui avertisse aussitôt l'organe central de
la sensibilité.

I. L'organisation des cinq sens, leur liaison bien connue avec le système nerveux, l'admirable mécanisme de ce système prouvent les rapports nombreux des cinq sens avec le système central de l'automate.

Toutes les sensations *fortes* agissent sur le système central duquel émane ce que j'appelle *sentiment*. Une trop vive lumière *éblouit*, un son trop fort *assourdit*, une odeur ou saveur trop forte *brûle*, un coup trop fort fait *mal*. Tout cela prouve le rapport des organes des cinq sens avec l'organe de la sensibilité.

II. Il est rare que les sensations se présentent comme indifférentes aux personnes un peu exercées à la réflexion. Quand on a mangé à satiété, on devient indifférent sur le choix des mets qu'on nous présente. Mais cette indifférence même, *qui vient d'un appétit satisfait*, prouve la liaison du sens extérieur qui annonce la présence des mets, avec le sens intérieur qui annonce l'absence de la faim.

Il ne faut pas beaucoup réfléchir pour être assuré que le plus grand nombre de nos sentimens nous demeure inconnu. L'âme n'a à la fois la perception que d'un très-petit nombre d'objets; ce petit nombre c'est celui des sensations de première grandeur : toutes les autres sensations sourdes demeurent inaperçues. Nous ne voyons, pour ainsi dire, que les étoiles de première grandeur, mais nous en entrevoyons beaucoup d'autres.

III. Ce qui prouve éminemment la liaison de la sensibilité avec les idées, et par conséquent avec les organes des idées, ce sont les phénomènes de l'imagination. Chaque sentiment devient l'excitateur de telles ou telles idées. La faim a ses pensées de préférence ; la soif a les siennes ; l'amour semble quelquefois occuper l'âme toute entière ; chaque sentiment a son registre d'idées : c'est ce qu'attestent tous les phénomènes de l'imagination, c'est ce qu'attestent les songes. L'homme qui a faim rêvera qu'il mange; l'amoureux pensera à l'amour, etc.

Ces rapports de tous nos besoins connus ou inconnus avec certaines idées prouvent le rapport de l'organe intérieur de ces besoins (la sensibilité) avec les organes extérieurs des idées.

L'imagination ne suppose pas seulement l'action des sentimens (besoin) sur nos idées, mais la *réaction des idées sur les sentimens.*

Une première *pensée* d'amour réagit sur les

sens, qui, à leur tour, réagissent sur la pensée, etc. Rien n'est donc mieux prouvé que la liaison de nos sentimens avec nos idées, et par conséquent la liaison des organes de la sensibilité avec les organes des cinq sens.

Comment douter, après cela, que la sensation qui donne l'idée d'un objet extérieur, n'excite pas, plus ou moins fortement, le sentiment par lequel cette idée se met sous l'influence de l'imagination?

IV. *L'association des idées* est un autre phénomène qui prouve la liaison intime des sentimens avec les idées. J'ai vu dans tel appartement mourir la personne que j'aime. Dès ce moment, cet appartement, avec tous ses meubles, la maison, la rue, la ville, le pays peut-être où j'ai éprouvé cette douleur, me deviennent odieux. Pourquoi? C'est que le sentiment de ma douleur a associé son mouvement douloureux à toutes les idées qui se sont présentées dans le moment terrible. Ces idées tiennent toutes à la douleur comme à un centre. Tout ce qui éveille le sentiment de cette mort éveille les idées mises en communication avec le sentiment.

Encore ici il y a action du sentiment sur les idées, et réaction des idées sur les sentimens. Or ce phénomène de l'association des idées embrasse tout le système de l'imagination, et prouve qu'il y a dans toutes nos idées, et par conséquent dans leurs organes, des rapports avec la sensibilité que la sensation met en jeu.

On voit que c'est dans la sensation que l'imagination se lie avec l'intelligence en liant le sentiment à l'idée.

V. L'influence de l'organe central sur les idées est continuelle. Les idées, les goûts, les humeurs ne changent-ils pas avec l'âge, avec la santé, avec la disposition du moment ? Tous ces changemens indiquent les nombreux rapports entre les organes des cinq sens avec l'organe central de la vie. Je puis ne pas m'apercevoir de chaque léger sentiment de peine que j'éprouve à la présence d'une pensée douloureuse, et cependant en mourir à la longue. Les médecins connoissent la prodigieuse influence des idées sur la santé. Gaubius a connu un homme à qui l'apparition subite d'un objet avoit donné le mal caduc, et qu'une seconde émotion guérit dans la suite. Tout l'ouvrage de Gaubius (1) est une preuve de la

____

(1) *De regimine mentis quoad medicorum est.*

liaison intime des objets des cinq sens avec la sensibilité établie dans les organes de nos sensations.

Nos sensations sont continuelles; mais nous n'en apercevons qu'une minime portion. Elles agissent sur l'âme comme l'air sur nos poumons. L'âme ne distingue pas les élémens dont la sensation se compose, pas plus que nous ne distinguons l'azote de l'oxigène lorsque nous respirons; nous ne connoissons ces élémens que par des raisonnemens appuyés de mille et mille faits incontestables.

Je ne nie pas la possibilité des sensations indifférentes. Il y a des sentimens inaperçus comme il y a des idées dont l'âme n'a pas la conscience. Mais cette inaperception ne prouve encore que la foiblesse du sentiment et nullement l'absence du sentiment.

Ces sentimens indifférens, s'il y en a, seroient de peu d'effet dans la théorie de notre économie organique et sipirituelle; et ces mêmes sentimens aujourd'hui indifférens peuvent ne pas l'être demain : il suffit pour opérer ce changement de quelque altération dans le système nerveux.

VI. Il y a dans l'organe des sensations (les cinq sens) une liaison dans les parties orga-

niques des sentimens avec la partie organique
des idées, qui paroît être la cause des visions,
et de mille phénomènes nerveux qui nous présentent une excitation surnaturelle de quelques
idées (1). Il suffit pour opérer ce phénomène
que les nerfs liés aux organes des idées soient
excités par l'organe central.

Cette liaison des deux élémens de la sensation (idée et sentiment), placée dans les cinq
sens, explique en partie la différence des
goûts. Il suffit que l'excitabilité du sentiment
dans la sensation soit différente de ce qu'elle

---

(1) Les idées ont leurs organes, et les sentimens ont
leurs organes.

Tous les phénomènes de l'imagination prouvent qu'il
y a liaison entre ces organes. On conçoit donc que,
lorsque les organes des sentimens sont fortement excités
par l'organe vital, cette excitation se communique aux
idées, ce qui produit les visions, les rêves, les ex-
tases, et mille autres phénomènes nés de l'action du
sens interne, appelé sensibilité, sur l'organe des idées.

Le mot de sensibilité présente l'idée de quelque chose
de passif; mais personne n'ignore que la sensibilité est
elle-même motrice de mille phénomènes variés. Rien
de plus élastique que le sentiment qui n'éprouve jamais
d'action sans réaction.

L'étude de ces réactions est une branche importante
de la psycologie.

étoit pour rendre les sensations, et par conséquent les goûts différens. On conçoit qu'on
peut avoir les goûts malades, intermittens,
exagérés ou nuls, selon l'état momentané de
nos organes; c'est ce qu'on voit journellement
chez les personnes nerveuses.

Cette excitation dans les sentimens en produit dans les idées, et c'est là une seconde
raison du changement de nos goûts et même
de nos conceptions, qui influe jusque dans
nos raisonnemens.

L'on voit ici la nécessité de principes raisonnés et préparés d'avance qui, dans ces mouvemens nerveux, servent comme d'ancre au
vaisseau. Sans ces appuis, l'âme iroit flottant au
moindre vent. Ne voit-on pas tous les jours les
hommes vulgaires, dénués de principes, misé-
rablement entraînés par leurs caprices, leurs
fantaisies et leur humeur, devenir le jouet de
tout ce qui les entoure ?

VII. L'état habituel de l'esprit est un état
composé de sentimens et d'idées; ce n'est que
par effort que l'homme suit dans la méditation
les lois de l'intelligence pure : l'état de sensibilité pure aussi est un état peu naturel et presque maladif. On voit bien que la cause de cette
combinaison permanente de la faculté de pen-

ser avec la faculté de sentir a son origine dans
la sensation.

CHAPITRE VII.

L'organe matériel de la vie et l'organe spi-
rituel sont deux organes différens, malgré
l'intimité de leurs rapports.

Plus on va en avant dans le sanctuaire de
notre être, et mieux on aperçoit la distinction
des deux substances qui le composent. L'âme,
en apparence déterminée par les sentimens émanés du grand organe de la vie, n'est, en effet,
jamais déterminée que *par elle-même.*

L'organe de la vie ne donne jamais que le
mouvement ; mais l'âme se décide toujours par
un *sentiment de préférence,* né d'une comparaison ; et cette comparaison , c'est toujours
l'âme qui la fait. Comment attribuer *l'acte de*
comparer au mouvement des organes ? N'est-
ce pas le comble de l'absurdité de confondre
l'âme avec l'automate, parce qu'ils agissent l'un
sur l'autre ? Comment nier que l'âme n'ait un
principe d'activité différent de celui du grand
organe de l'automate ? Est-ce la pensée de
l'homme qui fait circuler le sang ? Est-ce le
mouvement des veines et des artères qui a pro-

'duit l'algèbre ? Seroit-il raisonnable de confondre les êtres parce qu'ils sont liés par des
rapports ? Et parce qu'un être agit sur l'autre,
cela prouve-t-il qu'ils ne sont tous les deux
qu'une même substance ?

L'organe des sensations est donc construit
dans le double rapport, que les objets extérieurs
ont avec l'âme, en produisant une idée, et avec
le grand organe de la sensibilité en y produisant un sentiment.

CHAPITRE VIII.

*Il faut nécessairement admettre que la liai-
son entre le désir, et l'objet de ce désir
existe dans l'organisation de l'espèce.*

Comment la *vue* ou l'*odeur* d'un met exci-
teroit-elle l'*appétit*, si le *sentiment*, appelé
appétit, n'étoit pas lié à la *vue* ou à l'*odeur*
de ce met? Il n'y a aucun rapport naturel entre
un sentiment et une idée; leur liaison n'existe
que dans l'organe de la sensation.

Analysons le phénomène le plus simple, celui de manger de tel met qui se présente à nous.
La *vue* de ce met excite un double mouvement
dans l'organe de l'œil : 1.° le mouvement qui

affectent le grand organe de la vie va exciter
le *désir* de manger de ce met, 2.º et le mouvement qui affecte l'organe de la *vue* fait naître
l'*idée* de ce met, c'est-à-dire la vue de ce met.

Je suppose que ce met soit un fruit placé sur
un arbre, il en arrivera 1.º que le désir d'avoir
ce fruit éveillera l'idée des obstacles qui se présentent pour le cueillir ; 2.º toutes les idées
nées de ces obstacles seront *associées* par un
même sentiment, la faim : et voilà l'origine de
l'association des *idées* ; 3.º mais chacune de ces
idées associées se trouvant amalgamée avec le
sentiment, déjà né avec elle dans la sensation,
il en arrivera que la combinaison de ces idées
produira une combinaison de sentimens ; 4.º
enfin, l'intelligence, venant à se réveiller, étendra ces idées, nées des obstacles, et les por-
tera jusque dans les régions des sciences, par
exemple de la mécanique par l'invention des
machines ; 5.º L'intelligence peut aussi renforcer, diminuer ou peut-être éteindre les sentimens qui avoient fait naître ces idées. 6.º De
ce même jeu des idées naîtra une foule d'ac-
tions volontaires ou involontaires.

On voit donc que les sensations développent
leur action tantôt sur le sentiment et tantôt sur
l'âme. Dans ce jeu mystérieux, tout ce qui est

mouvement s'exécute par les lois de l'automate ;
mais tout ce qui est *sentiment* et *idée* se fait par
les lois de l'être immatériel, où les lois du mouvement ne nous expliquent rien (1).

CHAPITRE IX.

On peut distinguer cinq sources de sentimens.
Recherches sur les phénomènes que pré-
sentent le sentiment, comme un des élé-
mens de la sensation.

Il y a deux excitateurs de sentimens, l'un
venu de l'organisation et l'autre arrivé des ob-

---

(1) Le système nerveux fait aller la vie de l'automate.
Les besoins émanés de ce système agissent sur l'organe de la sensation ; et la sensation, arrivée du dehors par les objets extérieurs, réagit sur ces besoins.
Par exemple, la faim, qui va de l'automate à l'organe
de la sensation, s'appelle *désir*, et l'*idée*, correspondante à ce désir (le pain, par exemple), s'appelle l'*objet*
de ce désir. La *liaison* matérielle entre ce désir et l'objet de ce désir se trouve établie par l'organisation de
l'espèce ; mais, sans l'organe, tout spirituel appelé âme,
l'objet du désir, ne sauroit s'unir au sentiment de la
faim. Il faut, pour que cette union se fasse, que l'âme
ait *senti* le désir, qu'elle l'ait comparé et préféré à quelqu'autre sentiment, et qu'elle ait *voulu* s'y livrer. Ainsi,

jets extérieurs par la sensation, laquelle affecte toujours plus ou moins la sensibilité. On peut considérer l'organe de la sensibilité comme l'organe central moteur de la vie, dont quelques parties vont se mêler avec les sens extérieurs (les cinq sens) pour y éprouver l'action des objets en rapport avec la sensibilité.

On a vu que tous les objets extérieurs capables d'agir sur les cinq sens, pour y produire des *idées*, agissent aussi sur le grand organe de la vie, pour y produire des *sentimens*. Ces deux effets, idée et sentiment, constituent ce que nous appelons *une sensation*. Cette action des objets extérieurs sur la sensibilité par la sensation, est la première source des *sentimens* que nous exprimons par les mots *agréable* ou *désagréable*.

L'autre grande source de sentiment prend son origine dans l'organisation même; elle est l'effet de l'activité non interrompue de la vie.

___

malgré l'organisation matérielle, qui lie les désirs à leur *objet*, en réalité, c'est l'âme qui règne par la volonté, selon les lois de sa constitution. C'est ainsi que, dans un piano bien accordé, on suppose des rapports préétablis dans l'instrument; mais l'harmonie même ne se fait que par le musicien, qui est comme l'âme de l'instrument.

Placée dans l'organe central de la sensibilité, elle est destinée à instruire l'âme des besoins de l'automate. C'est ainsi que le sentiment de la faim, de la soif, de l'amour et de mille autres besoins moins prononcés, ont leur source, non dans les objets extérieurs, mais dans le fond de l'organisation.

Outre ces sentimens émanés de l'organisation, qui font, pour ainsi dire, la base de l'existence de l'homme, il y en a mille autres qui ne font qu'indiquer des besoins momentanés de la vie : tel est le besoin du repos ou du mouvement, de dormir ou de veiller, le besoin de société ou de solitude, de gaîté ou de sérieux, etc. , qui produisent l'infinie variété que nous observons dans la vie humaine.

Au-delà de ces sentimens, à peine perceptibles, se trouvent mille autres sentimens inapercevables, qui n'influent qu'en masse sur notre manière d'être bonne ou mauvaise (1). C'est ainsi que les vapeurs en masse appelées nuages font partie d'un paysage, quoique au-

---

(1) Ces élémens de sentiment sont, sans doute, la cause de ce que nous appellons *bonne* ou *mauvaise humeur*.

cune des vésicules qui composent les nuages ne soit visible.

Je viens d'indiquer les deux grandes sources de sentimens, la sensation et l'organisation. Mais en y regardant de plus près j'en découvre trois autres, dont l'une est dans l'action du sentiment sur le sentiment, l'autre dans l'action des idées sur le sentiment, et la troisième dans l'action immédiate de l'âme par la volonté.

L'impatience, par exemple, est un sentiment né de *deux sentimens*, du *désir* d'une chose, et de *l'attente* de cette chose. Otez le désir et vous n'êtes plus impatient : ôtez le sentiment de l'attente et vous n'avez encore point d'impatience.

Ce phénomène de l'âme, qui, avec deux sentimens, en produit un troisième, est évident dans la musique ; le *sentiment* de *plaisir* que donne un *accord* de musique est un sentiment produit par les notes qui composent cet accord. Le plaisir d'une belle tragédie se compose de l'harmonie de tous les sentimens que vous ont fait éprouver les scènes et les actes qui la composent. Voyez comme dans un roman bien fait et bien touchant, tous les faits préparent une grande catastrophe, ce qui

veut dire que les sentimens, excités par la lec-
ture des événemens, produisent enfin les sentimens touchans, nés des sentimens qui ont
précédé.

On verra dans la théorie des sentimens qu'il
y a des sentimens harmoniques et des sentimens dissonans; ces sentimens, toujours com-
posés, sont les résultats des sentimens qui en
composent les élémens. Un accord ou une dissonnance en musique, ne sont accord ou dissonnance que par les rapports entre les notes
qui les composent.

La quatrième source de sentimens, la plus
mystérieuse de toutes, est dans l'âme même :
c'est l'action de la volonté qui fait renforcer
ou diminuer un sentiment, soit directement
soit indirectement.

Sans cette force de volonté, la marche de
l'homme seroit nécessairement et méoanique-
ment déterminée par le sentiment du *moment.*
Ceux qui nient la force de volonté, et qui supposent l'homme mû mécaniquement par la
sensibilité, objecteront que l'âme se décide
toujours par un motif, que ce motif ne pouvant être que senti, l'âme se trouve mue par
le sentiment. Mais qu'est-ce qui donne à la
pensée la force de *résister* assez au sentiment

prédominant du moment, pour aller faire revivre un foible sentiment, si ce n'est *une force inhérente,* non à la sensibilité que l'on combat, mais à l'âme même qui s'oppose au sentiment dominant? Si l'homme n'étoit déterminé que par la sensibilité, il suivroit toujours l'impulsion du sentiment le plus vif, ce qui n'arrive pas.

Le bassin de la balance une fois tombé, qu'est-ce qui peut le relever, si ce n'est une force étrangère au bassin? Chez l'homme, cette force s'appelle *volonté,* et la faculté d'en faire usage constitue la liberté.

Je marche sur un terrain inconnu ou tout est neuf. La cinquième cause excitatrice des sentimens est dans l'action des idées sur la sensibilité. Si les idées sont liées aux sentimens, les sentimens aussi le sont aux idées. Les organes des cinq sens ont évidemment été construits pour mettre l'âme en contact avec le monde extérieur. Chacun des cinq sens est en rapport avec son objet : l'œil est fait pour la *lumière,* l'oreille pour les *sons,* etc. ; mais l'organe mystérieux de la sensibilité, cet organe central de l'homme, n'est pas moins en rapport avec les cinq sens, que les cinq sens ne le sont avec leurs objets. La même main qui a su mettre l'œil en rapport avec la lumière, a mis le sens intérieur en rapport avec les sens extérieurs, destinés à le guider. L'organe de l'œil, construit pour *voir* le grain de blé, a été construit encore pour donner au poulet le *désir* d'en manger

L'organisation de l'homme est *une*, et la liaison intime de la pensée avec le sentiment prouve la liaison primitive de l'organe du sentiment avec l'organe de la pensée. Il ne faut donc plus regarder l'œil comme organisé uniquement pour éprouver l'action de la lumière. Cet organe n'a pas de rapports moins décidés et moins merveilleux avec l'organe central des désirs qu'il n'en a avec la lumière. Toute sensation est donc composée d'une idée, ou représentation d'un objet extérieur, et d'un sentiment, ou action sur l'organe moteur de l'automate : dans l'idée se trouve le germe de la *connoissance*, qui éclaire, et dans le *sentiment* se trouve la force motrice, qui fait agir.

C'est par la *liaison* intime et originale du sens extérieur avec le sens intérieur, par la liaison de l'idée avec le sentiment et du sentiment avec l'idée, que s'exécutent les lois de l'imagination, qui ne sont que l'action et la réaction des deux sens intérieurs et extérieurs l'un sur l'autre ; c'est parce que le sens intérieur est en

rapport avec les sens extérieurs que chaque sentiment trouve son idée de préférence, son intensité et le mouvement qui lui plaît; c'est dans
cette liaison intime, placée dans les organes,
qu'il faut chercher la cause de ces vives et su-
bites émotions capables de bouleverser tantôt
le corps et tantôt l'âme, et trop souvent l'homme
tout entier.

C'est dans les animaux surtout que cette liaison primitive entre les sentimens et les *idées*
(ou objets de ces sentimens) est saillante. Si
l'action de l'objet extérieur s'arrêtoit à l'organe
extérieur, qui instruiroit l'animal de ce qu'il
doit préférer ou craindre? C'est parce que l'objet qui convient à chaque espèce, pénètre, par
le moyen du sentiment à l'organe central et moteur de l'animal que chaque espèce vit et trouve
sa petite route dans le vaste labyrinthe de l'univers. Ce que nous appelons *instinct* n'est que
le résultat infaillible du rapport entre les organes extérieurs et intérieurs, qui fait que l'animal obéit presque mécaniquement au sens intérieur qui l'avertit de ce qu'il doit préférer ou
fuir.

CHAPITRE X.

Recherches sur le second élément de la sen-
sation, l'idée, et sur les phénomènes qu'il
présente.

J'ai suivi les sources des sentimens. Voyons celles de cet autre élément de la sensation que j'appelle *idée*.

La première source des idées (qui est aussi une source de sentimens) se trouve dans la sensation. Tout le monde a dit, d'après Locke, que nos idées venoient des sens, et naissoient dans la sensation; mais l'analyse de la sensation même n'a jamais été faite.

La seconde source de nos idées est dans la faculté qu'elles ont de se combiner entr'elles (1).

La combinaison des idées est une source réelle d'idées qui produit les rapports; Locke l'appelle *réflexion*. Les idées réfléchies peuvent

____

(1) On voit bien qu'il faut étendre la définition d'*idées*, puisque les rapports ne sont jamais la représentation d'un objet extérieur.

Mais les rapports sont pour ainsi dire les enfans des *idées*; toutes nos idées morales sont de cette seconde espèce, comme aussi les idées qui composent les sciences exactes, comme la géométrie, l'algèbre, même la physique, etc., qui ne sont que des rapports.

être mêlées et combinées avec les sentimens ; alors on les appelle morales. Dégagées de tout alliage de sentimens, elles composent les sciences exactes.

On objectera que j'indique moins une *source* d'idées qu'une combinaison d'idées ; mais ces combinaisons produisent des rapports, et ces rapports sont aussi des créations. Il faut ranger dans la classe des idées réfléchies toutes les réflexions qui ne sont pas des méditations, mot qu'il faut réserver pour les idées pures, c'est-à-dire pour les idées qui ne sont mêlées d'aucun sentiment, comme les idées d'étendue ou de quantité.

La troisième source de nos idées est celle des idées dégagées de tout mouvement de sensibilité. Ces conceptions-là sont évidemment un effet de notre attention : elles suivent rigoureusement les lois de l'*intelligence*. Ces idées, nées de la comparaison, dégagées par l'attention de tout alliage de sensibilité, sont toutes des *rapports :* elles sont la source des sciences exactes.

Il y auroit des recherches à faire sur la différence qu'il y a entre les rapports nés des idées pures (non mélangées de sentimens), et les rapports nés de la comparaison des *idées mêlées avec des sentimens.* On sent que le rapport entre deux angles est différent du rapport entre deux vertus.

Nos idées *morales,* toujours associées à des sentimens, ont un mouvement composé d'imagination et d'intelligence. Tantôt on *raisonne,* et tantôt on *sent;* l'on tire des conséquences, mais l'instant d'après le sentiment l'emporte sur la conséquence : il la modifie et l'altère, ou en est modifié.

Enfin la quatrième source de modification de l'âme, que nous voyons naître par les idées, est celle qui émane immédiatement de la volonté, lorsqu'elle se détermine par une idée contre le sentiment du moment. On sent que ce n'est plus l'attention contemplative qui agit, mais une volonté forte et impérieuse. Les idées reçoivent de la volonté un si grand empire sur les sentimens, que l'âme peut se déterminer contre tel sentiment qui alloit l'entraîner.

Je ne sais si je dois placer ici une cinquième source d'activité produite par les idées, qui, quoiqu'émanées de la sensibilité, suppose la *présence des idées* et leur liaison intime avec l'organe de la sensibilité. Tel *mot* injurieux suffit pour bouleverser notre être tout entier. Nous sommes pleins de ces barils de poudre qu'un mot peut enflammer, et qui sans la parole seroient inaperçus. On sent que ce bouleversement a sa source dans la sensibilité ; mais il n'auroit pas pu arriver sans la *parole* offensante, qui est une *idée* ou objet extérieur. Ceci prouve la liaison intime qu'il y a entre la sensibilité et les *idées*, liaison placée dans l'organe même de la sensation. L'influence prodigieuse de notre *pensée* sur la santé atteste l'intimité de cette liaison, qui semble embrasser l'organisation toute entière de l'homme.

Il faut distinguer les idées mêmes de ce qui excite les idées.

Il n'y a en réalité que deux espèces d'idées, les *idées*, ou représentations des objets extérieurs, et les *rapports*, nés d'une opération de l'esprit qui est la comparaison.

Tous les sentimens sont des excitateurs d'idées plutôt que des sources d'idées. Le sentiment de nos besoins a ses lois excitatrices, le sentiment du beau a les siennes, les sentimens moraux ont leurs lois.

Les idées se réveillent-elles immédiatement l'une et l'autre, est une question intéressante. Au premier regard personne n'en doute. Mais

je ne sais si ce rappel des idées n'est pas
l'effet de quelque sentiment excitateur. Quand
je veux rappeler des idées demi - oubliées,
j'agite le plus que je puis la partie non oubliée,
comme pour éveiller par une tige commune
la partie dormante de mon souvenir, ce qui
prouve qu'elles tiennent à une tige commune
qui est toujours un sentiment.

La volonté peut bien augmenter l'intensité
des idées, mais je ne crois pas qu'elle ait le
pouvoir de les réveiller directement. Pour
vouloir éveiller une telle idée il faudroit que
cette idée fut déjà présente à l'âme.

La véritable action des idées sur les idées
est dans l'acte de la *comparaison* d'où naissent les rapports et tous les phénomènes de
l'intelligence. La comparaison suppose à la fois
liaison et *distinction* des idées, ce qui est
éminemment le caractère de l'intelligence.

Tout ce qui produit une nouvelle combinaison d'idées peut être regardé comme une
source d'idées, puisqu'il faut étendre la définition de l'idée à tous les phénomènes de la
pensée, nés de la représentation d'un objet
extérieur produit par la sensation.

Le sentiment du beau est certainement un
principe actif de l'âme qui a ses lois particu-

lières ; il est, comme tel, une source féconde de combinaisons d'idées, ou plutôt de sensations. Le principe de l'harmonie a une grande activité dans l'âme de l'artiste ; il produit des combinaisons qui suivent les lois de l'imagination, quelquefois dirigées par celles de l'intelligence.

Les lois de l'harmonie sont les lois de l'imagination déterminée par le sentiment du beau. Certainement le sentiment du beau est une force active, une puissance de l'âme qui appelle une certaine classe de sensations pour les ranger sous ses propres lois. Il faudra désormais, pour étendre la science de l'homme, distinguer et approfondir les différentes *sources* des phénomènes spirituels, et ne vouloir pas tout expliquer par nos pauvres idéologies.

Enfin les *sentimens moraux* sont une dernière source commune aux idées et aux sentimens. L'influence des sentimens de l'homme sur l'homme suit des lois particulières, qu'il faut étudier à part. L'homme est organisé pour être affecté par les sentimens de ses semblables, comme l'œil est organisé pour être affecté par la lumière. Nos sentimens sociaux ont leurs lois particulières, qui méritent bien qu'on aille les chercher à leurs sources.

CHAPITRE XI.

Influence des idées sur les actions. Les idées n'agissent pas immédiatement sur le système musculaire. La combinaison des idées entraîne une combinaison de sentimens.

Pour mieux éclairer ceci, je dirai un mot du rôle que les *idées* jouent dans les actions humaines. Il faut admettre comme principe, que l'âme peut bien se *déterminer* par les idées, mais qu'elle ne peut *agir* que par un sentiment. Une idée réfléchie, en donnant l'éveil à l'intelligence, peut arrêter le premier élan de sensibilité, ou peut donner à l'esprit le moyen de *délibérer*, c'est-à-dire de *peser* les partis à prendre; mais lorsqu'il est question d'*agir*, c'est toujours par un sentiment que l'âme exécute sa volonté. Une idée réfléchie peut arrêter le bras qui alloit me venger, et permettre à une foule de pensées de se présenter à mon esprit. Il y en aura une peut-être qui me décidera à faire du bien à ce même ennemi que j'allois assassiner. Cette pensée motrice de mon action n'agit qu'*en conséquence d'un sentiment de bienveillance* et de générosité que la combinaison de mes idées est venue exciter.

Mais cette combinaison des idées n'a pu produire une combinaison de sentimens que parce que chaque idée portoit quelque sentiment avec elle. Ces sentimens réveillés par l'action des idées, les unes sur les autres (selon des lois encore peu connues) ont enfin produit le sentiment de générosité qui me porte à faire du bien à l'ennemi dont j'allois me venger.

Il est tellement vrai que les idées n'agissent que par la sensibilité, que, si, par trop d'attention, vous détachez les idées des sentimens, vous arrivez à des *spéculations oiseuses* qui ne produisent aucune détermination. De là vient que les hommes trop spéculatifs raisonnent longuement sans arriver à aucune décision active. Il y a un certain tact, que donne un grand usage du monde, qui nous apprend à suspendre momentanément l'action, sans perdre la faculté de se décider à propos. C'est là le véritable esprit des affaires, qui permet à la fois de penser et d'agir.

Les idées, portant toujours quelque alliage de sentiment avec elles, produisent des *combinaisons de sentimens* capables de faire naître un sentiment déterminant. L'art *d'émouvoir* par la parole n'est que l'art de produire cette combinaison. Il y a plus : les idées, en éveillant l'intelligence, nous font voir les conséquences de nos actions que le sentiment ne voit jamais.

Ces conséquences éveillent des sentimens capables de surmonter nos premiers mouvemens de sensibilité.

Nous avons vu que les idées, nées de nos sensations, ne voient que le monde extérieur, tandis que la portion de la sensation qui appartient à la sensibilité, ne voit jamais que le monde intérieur appelé *nous-mêmes*. Il en résulte que la raison, qui n'est que l'ordre et la généralisation des idées d'où résulte la connoissance des objets extérieurs, est le meilleur guide dans le monde. Elle nous découvre les routes à prendre; mais c'est toujours un sentiment qui décide laquelle nous préférerons.

La marche de nos idées morales va toujours par une diagonale qui est l'expression des forces des deux facultés, de l'imagination, qui agit par la sensibilité, et de l'intelligence qui agit par la pensée, le plus souvent opposée au premier mouvement de la sensibilité.

L'intelligence est certainement douée de la

faculté d'augmenter l'intensité des sentimens ; et l'on peut par raisonnement être bien ou mal guidé dans ses sentimens. L'attention est une force réelle puisqu'elle peut arrêter le sentiment. Quelquefois aussi elle le renforce ; c'est ce que l'on ne voit que trop chez les personnes qui pèsent sur les maux qu'elles éprouvent. Mais de cette faculté d'augmenter un sentiment, résulte aussi le plaisir que l'on prend dans les passions agréables de caresser les sentimens, et d'appuyer sur toutes les pensées qui les flattent : de là le plaisir inépuisable de rêver à ce que l'on aime.

L'habitude de se livrer à tous ses sentimens est dangereuse. En réfléchissant inutilement aux maux que l'on éprouve on les centuple par ces pensers inutiles. Ce n'est pas pour rien qu'on s'occupe sans cesse de morale, c'est-à-dire de l'art de combiner ensemble nos idées, nos sentimens et nos actions. Nous portons tous au-dedans de nous le piano de nos sentimens et de nos idées, et c'est toujours de l'art de jouer de cet instrument que dépend le bonheur ou le malheur de la vie. N'est-il pas singulier que cet art, par lequel nous sommes heureux ou malheureux, soit tellement négligé qu'une bonne théorie de nos sentimens est encore à trouver ?

Récapitulons.

Voici donc le rôle que l'intelligence joue dans les actions humaines. Elle peut arrêter l'élan de la sensibilité : elle peut aussi renforcer un sentiment ; mais elle ne peut jamais produire une action par elle-même et sans l'intermédiaire d'un sentiment, parce qu'elle ne peut agir sans motif, et que le motif qui nous fait agir est toujours un sentiment. Il est bien probable qu'aucun mouvement musculaire ne peut se faire sans quelque sentiment, c'est-à-dire sans un mouvement nerveux.

La force de l'intelligence (de la raison), en nous permettant de combiner nos idées, éveille par cette combinaison des sentimens nouveaux. La volonté peut aussi renforcer ou affoiblir un sentiment par des lois encore peu connues.

Quoique toutes les actions humaines soient *exécutées* par la sensibilité, la liberté de l'homme n'en existe pas moins. La raison humaine, semblable au mécanicien habile, emploie les forces qu'elle a. Elle agit d'après les lois de la sensibilité comme le mécanicien agit d'après les lois du mouvement. La puissance de l'un et de l'autre de ces agens, soit matériel soit sensible, est dans l'art d'employer ses forces. L'homme est déterminé par la sensibilité comme le mécanicien par les lois du mouvement ; mais agir d'après les lois de la nature, ce n'est pas renoncer à sa liberté.

Il y a plus : l'homme est déterminé par les *préférences* qu'il donne à tel motif sur tel autre. Mais ces préférences qui le décident sont les résultats des comparaisons que l'âme a faites. Or l'opération de *comparer* est une opération toute spirituelle. Si je *préfère* le plaisir à la douleur, c'est que, dans la profondeur de mon âme, il y a des lois qui me dirigent vers cette préférence, et si je suis décidé par cette préférence, je suis décidé spirituellement et non mécaniquement. Si j'étois déterminé mécaniquement par l'action du système nerveux je suivrois nécessairement l'impulsion de la sensibilité, ce qui n'arrive pas toujours. D'un autre côté, ces graves stoïciens qui croient à une volonté illimitée, et qui veulent l'affranchir de toutes ses lois, ne voient pas que l'affranchissement de toutes les lois seroit la plus philosophique définition de l'idée de destruction. En psychologie comme en physique, toute force, toute puissance est nécessairement limitée par les *moyens* même qu'elle emploie ; et ce qui fait notre force dans tel cas, fait notre foiblesse dans tel autre.

CHAPITRE XII.

La morale est encore au berceau. Ce que c'est que l'expérience.

Après avoir indiqué les principales sources de nos opérations spirituelles, j'ajouterai quelques remarques, et je préviendrai quelques objections.

J'ai tâché de distinguer les deux élémens dont se compose la sensation, l'idée et le sentiment. Mais quand je parle des sentimens que je n'éprouve plus, puis-je leur donner encore le nom de sentiment? Je réponds que, lorsque je parle de passions que je n'éprouve plus, je n'ai alors présent à l'esprit que les *signes* de ces passions, qui sont des *idées* et non le *sentiment*, à peu près comme un algèbre, je me représente par des signes les rapports que je n'ai pas présens. Je puis dès-lors raisonner sur ces signes comme sur des idées, je puis abstraire et classer les passions, c'est-à-dire les signes de ces passions; je puis en tirer des *conséquences*, ce que je ne puis faire lorsque, au lieu de *connoître* les passions, je les *éprouve*. Quand je parle des passions que je n'ai pas, je les vois, pour ainsi dire , passer devant moi ; mais quand je suis moi-même embarqué dans un sentiment entraînant, je suis forcé d'en suivre les lois , et de prendre la marche de l'imagination. Quelle différence du langage de l'homme qui aime, et de celui qu'il tient lorsqu'il a cessé d'aimer !

On sent que chez les nations civilisées tout oblige à prendre l'allure de la raison : l'explosion des passions est partout contenue, et cependant l'imagination n'y perd aucun de ses droits. Il arrive aussi qu'on raisonne à merveille sur ce qu'on ne sent pas ; mais quand le sentiment arrive, on est souvent forcé d'en suivre les lois. Cette observation n'empêche pas de sentir les biens infinis de ce crépuscule permanent de raison, appelé civilisation, qui, en obligeant l'homme à voiler ses passions, tend à les modérer et à prévenir souvent leurs effets les plus funestes.

Le célèbre théologien Herder cite un passage de *Realis* de Vienne, qui dit : « que l'envie de placer de la morale partout nuit à nos recherches. On veut prêcher, endoctriner, commander, sans connoître les principes de sa doctrine.

Ne seroit-il pas temps de croire à l'imper-

fection et surtout à l'importance de la première des sciences, de celle dont dépend la
destinée de l'homme, la morale? Au lieu de
répéter des préceptes connus, ne seroit-il pas
bon de rechercher pourquoi ils ne sont pas
toujours suivis? Les moralistes qui ne se lassent point de répéter ce qu'on a dit mille fois,
sans chercher à étendre et consolider la
science par ses véritables principes, me rap-
pellent ce prédicateur ennuyeux qui, faisant
toujours le même sermon, répondoit aux personnes qui lui en faisoient des reproches :
« Oui, je le répéterai jusqu'à-ce que je voie
tous mes auditeurs convertis. » Heureusement
que de tels hommes ne convertissent personne.

La morale est une science de résultat, qui
ne peut faire de progrès que par les sciences
dont elle est le développement. Nos livres de
morale sont les applications de quelques principes vagues; les vérités qu'ils renferment sont
étroites, incomplètes comme ces principes.
Nos observations même (qu'on appelle des
faits) ne peuvent sortir de la sphère étroite
de ces abstractions! Ce que nous appellons
expérience n'est que l'aperçu de la liaison
d'un fait individuel avec un principe, de manière que l'expérience même est toujours vraie

ou fausse, selon la théorie dont elle est l'application.

Un certain nombre de principes étroits et obscurs une fois donnés, l'application étroite et obscure qu'on en peut faire est donnée aussi, et l'on ne pourra dépasser leur enceinte qu'en étendant les principes mêmes. Voyez comme les grandes lois de l'attraction des corps ont étendu la physique. La chimie moderne semble née toute entière de la connoissance de quelques gaz et de quelque aperçu sur la nature du calorique et des affinités. La véritable morale, celle qui n'est pas née encore, reposera toute entière sur la connoissance intime de l'homme sentant et pensant, connoissance qui manque à tant de raisonneurs qui prétendent nous diriger par des lois qui ne remontent point à la nature même de l'esprit humain.

Il faut bien distinguer l'évidence de sentiment de l'évidence de la raison. Il y a une espèce d'évidence qui résulte d'un rapport de *sentiment* qu'il ne faut pas confondre avec la conviction née d'un rapport entre les *idées*. La *persuasion* née du sentiment, résulte de l'identité entre deux *sentimens ;* la *conviction,* au contraire, résulte de l'identité entre les

idées. La persuasion croît par le sentiment,
au lieu que la conviction est calme : l'une vit
par le mouvement, l'autre par le repos (1).

---

(1) Je veux convaincre un amoureux du mauvais
caractère bien connu de sa maîtresse ; mais quelqu'un,
d'un avis opposé, cite quelque fait en faveur de la personne aimée : ce seul fait, avancé au hasard, suffira
peut-être pour faire dire à l'amant qu'il sait *avec évidence* que la personne qu'il aime est honnête. Cette
prétendue évidence est dans le sentiment d'amour, et
non dans une conviction raisonable. L'homme non
amoureux auroit vu l'évidence des preuves, parce qu'il
auroit senti les rapports de l'*idée* d'un mauvais caractère avec tous les faits cités ; mais l'homme amoureux
ne sent point les rapports entre les idées, mais les rapports de ce qu'on avance avec le sentiment qui le domine : c'est dans ce sentiment que gît son évidence.

De là vient l'impossibilité de prouver par des *idées*
ce qui est décidé d'avance par le *sentiment.* Les orateurs qui connoissent cette difficulté, attaquent les sentimens par le sentiment ; s'ils ont quelquefois l'air de
l'attaquer par les idées, c'est que ces idées se trouvent
associées à des sentimens, c'est gagner une bataille
avec des troupes alliées. L'orateur veut-il désarmer un
juge courroucé, il lui fera sentir les charmes d'une action généreuse, il peindra avec force les maux de l'esprit de parti qui, trop souvent, condamne des inocens
en prévoquant d'éternelles vengeances. On voit qu'il
oppose sentiment à sentiment. La raison seule eût
prouvé ce que l'orateur a fait *sentir,* et la raison eût
perdu son procès.

La Bruyère, l'excellent La Bruyère, paroît dire une absurdité quand il prétend que *tout a été dit depuis trois mille ans.* Quiconque a fait un pas dans la carrière des sciences, a senti l'immensité de leur empire. Quel est donc le sens de la maxime de La Bruyère ? Le voici : sa maxime ne s'applique qu'à la morale. Ce n'est que dans les régions supérieures de la pensée que résident les principes qui donnent de la grandeur et de l'étendue à nos conceptions morales.

Étendez les principes de la connoissance intime de notre être, et vous verrez des conséquences innombrables en sortir ; de manière que tout ce qu'on avoit vu et senti jusqu'alors disparoîtroit à nos yeux comme un nuage, pour faire place à un monde nouveau. Mais, tant que les principes demeureront inconnus, toute connoissance demeurera stérilement concentrée dans l'alchimie rationnelle dans laquelle on végète encore.

Voyez la chimie moderne ; quel ancien chimiste reconnoîtroit sa science dans celle des Lavoisier et des Wollaston ! Quelques principes ont suffi pour créer des mondes en chimie ; mais en morale, où sont les principes capables d'étendre cette science ? Qu'a-t-on appris de bien clair sur l'esprit humain depuis Aristote à Locke, et depuis Locke à nous ? Ce que Bacon, le grand Bacon nous enseigne de plus utile, c'est le sentiment de *notre ignorance* et le besoin de lire, non les livres seulement, mais la nature. C'est à ce sentiment créateur, qui nous dit que ce que nous savons n'a rien de complet, que nous devons peut-être l'apparition de quelques sciences que nous voyons de nos jours s'avancer avec tant d'éclat. Mais la *connoissance de l'homme* est restée incomplète, et comme fixée à l'idéologie. On a cultivé la logique pour l'avancement des sciences; mais qu'a-t-on appris de bien évident sur la nature même de nos facultés ? On a étendu et soigné la branche des *idées* sans toucher à l'arbre que par hasard. L'homme actif, l'homme sentant, celui qui fait la destinée des nations et du monde, est demeuré inconnu. De là le rabachage dont La Bruyère nous accuse peut-être avec raison. Il sentoit que ce que l'on avoit dit depuis trois mille ans sur l'homme n'étoit que les mêmes idées, habillées, déguisées et retournées de mille manières, mais toujours les mêmes par le fond, à cause de la pauvreté des principes psychologiques. De là vient qu'on a de ce qu'on appelle les mœurs des idées encore vagues.

Par exemple, ce que les hommes médiocres attaquent avant toutes choses dans les mœurs, c'est l'abus des plaisirs. On diroit que tout ira bien pourvu que les mœurs soient austères. Mais ôtez les amusemiens et les lumières aux hommes, exaltez quelques préceptes de morale, et vous verrez qu'au lieu de bonnes mœurs, vous aurez des hommes sombres, intolérans, portés à la médisance, au fanatisme et à l'avarice. Je connois une ville de mœurs austères, où l'homme peut être le plus probe et le plus savant du pays a été exécuté, il y a un demi-siècle, pour un délit imaginaire dont on rougit aujourd'hui. Dans le dictionnaire vulgaire cette ville avoit des *mœurs*. Mais l'assassinat de sa victime ne prouve-t-il pas que notre dictionnaire ne vaut rien, et qu'il ne suffit pas d'être austère, réglé dans ses heures et tiré au cordeau en toutes choses pour avoir des mœurs ? Qui eût jamais des mœurs plus austères que les puritains du temps de Charles Ier, et cependant qui auroit fait plus de mal à leur pays que ces assassins de leur roi, s'ils avoient pu continuer à faire régner leurs maximes.

J'ai vu des hommes de mœurs austères vendre la justice et faire pis encore. Qui mieux que ces puritains conservent et chérissent la torture ; chez qui mieux que chez ces hommes voit-on les préjugés se conserver dans leur antique pureté ? Qui mieux qu'eux sait se faire un devoir de la haine ? Qui s'opposera plus à la liberté de la presse que les hommes qui condamnent tout ce qui ne pense pas comme eux ? Qui sera plus disposé à s'envelopper de ténèbres que l'homme qui sent le contraste effrayant de ses prétentions avec sa nullité personnelle ? Tous ces défauts qui font le malheur des nations s'allient avec ce que tant de gens appellent les mœurs. Que faut-il faire, dira-t-on ? Voulez-vous des mœurs dissolues ? Je ne les veux ni dissolues ni austères, et je dirois avec Horace :

In vitium ducit culpæ fuga si caret arte.

J'aimerois qu'on eut autant de soin d'écarter les passions haineuses que les passions aimantes. Je voudrois combattre les plaisirs des sens par les plaisirs de l'imagination, et persuader aux hommes que la nature exige d'eux plus de lumières encore que de sacrifices.

Je voudrois avant tout, que dans nos ju-

gemens sur les mœurs , les idées de *justice*
fussent en première ligne ; après cela , que
l'amour du bien public , de la patrie , de la
vérité et par conséquent des lumières fussent
les premières vertus et l'oisiveté un vice odieux.
Je voudrois qu'on n'aimât jamais aucune opinion
jusqu'à haïr celui qui ne l'a pas. Au lieu d'isoler
les hommes par l'austérité , je voudrois les rapprocher par les arts, les sciences et les plaisirs.
Plus il y aura de goût dans les plaisirs et moins
on y mettra de faste et de sensualité.

Je voudrois que le premier usage des richesses publiques , après le nécessaire et après
l'éducation, fut d'embellir sa patrie , et au lieu
d'isoler les jouissances , de les rendre quelquefois communes à tous , etc.

Il y a un régime dans la morale comme
dans l'hygiène , que faute de principes on ne
peut trouver que par tâtonnement. Tant que
l'homme moral et l'homme physique ne seront
pas mieux connus qu'ils ne le sont , l'existence physique et morale sera livrée au hasard,
et la félicité publique restera un problème
irrésolu.

Rien de plus malheureux que le sort des
sciences où chacun prétend commander. Rien
n'est plus timide que la vérité, rien n'est plus

impérieux que l'opinion. La vérité ne peut naître que dans le sein de la paix et de la liberté. Nous l'avons vu, l'esprit ne peut former des *rapports* que par la force appelée *attention*, qui dégage les *idées* de tout mouvement de sensibilité. Il faut donc pour arriver à cette situation de l'âme , qui lui permet de s'observer elle - même , un calme parfait. Mais l'*opinion* toujours animée par quelque sentiment , agite et trouble la pensée. Exaltez quelques préceptes de morale ou de religion ou de politique , sans éclairer l'homme tout entier , et vous ne ferez qu'enflammer de partout l'intolérance chez des aveugles où chacun prétend régenter. La plus pauvre espèce d'esprit se croit en droit de commander en religion et en morale. Plus on est borné dans ses idées et plus on s'irrite contre tout ce qui refuse d'obéir. C'est ainsi que l'exaltation , même des bons principes , en allumant les passions haineuses, produit le plus grand des enfers , celui de l'intolérance qui condamne , et du fanatisme qui égorge ses victimes.

On parle beaucoup des bienfaits de l'expérience, sans penser que là où il n'y a pas de principe , il n'y a pas d'expérience. L'expérience naît de la *liaison des faits avec leurs principes*. On voit que là, où les principes sont vagues ou incertains, l'expérience n'a point de résultats solides.

Les *faits* ne nous donnent quelque connoissance que par leurs liaisons avec quelque principes. *Connoître*, c'est généraliser des rapports : mais tant que les faits demeurent isolés et sans liaison entr'eux, aucun principe ne peut naître (1), et toutes nos observations

---

(1) Les faits isolés sont comme les mots isolés, sans aucun *sens*. C'est de leur rapprochement et de leurs rapports que résulte leur importance. Avant Kepler on avoit des observations astronomiques sans résultats, parce qu'on n'avoit pas trouvé encore les véritables rapports entre les faits observés ; mais les grandes lois du système des cieux une fois énoncées par Kepler, toutes les observations subséquentes allèrent s'y rattacher comme à leur centre.

On voit que les *faits* ne sont quelque chose que par leur rapport entr'eux, et que ces rapports ne deviennent *principes* que par leur universalité. Il n'y a donc point de *faits* pour les hommes sans principes. Les hommes de génie sont ceux qui, voyant la liaison des faits entr'eux, créent des principes par l'énoncé de cette liaison. Leibnitz a dit que *le génie voyoit le concret dans l'abstrait et l'abstrait dans le concret*, ce qui veut dire que le génie voit les faits dans leur liaison et la liaison (le principe) dans les faits. Les hommes de génie ouvrent la route à la science, parce que les principes une fois

demeurent stériles. De là le vieux adage que l'expérience des pères est perdue pour les enfans. De là cette autre remarque journalière

---

trouvés par eux, les observations particulières, c'est-à-dire l'application de ces principes, devient à la portée des esprits du second ordre.

Quand je dis en morale que *l'esprit est la dupe du cœur,* je tiens là un principe ; mais ce principe est dans un nuage à peu près sans aucune application utile. Pourquoi? parce que tant que je ne verrai pas avec quelque clarté ce que c'est que l'esprit et le cœur, je n'en saurois déterminer les rapports.

On a applaudi mille fois au mot de Vauvenargue que *les grandes pensées viennent du cœur,* sans y attacher un sens bien précis : dans beaucoup de cas cette pensée est fausse ; les lois de Kepler étoient de grandes pensées, qui n'avoient rien à faire avec son cœur. En morale même il se peut qu'il y ait de grandes pensées venues par la raison. J'applaudis au mot de Vauvenargue comme spirituel et vrai dans le sens qu'il lui a donné ; mais tous ces jolis mots sont loin d'être des principes. La morale scientifique est partout sujette à controverse, et l'on sent partout le manque de principes psychologiques. La psychologie est à la morale ce que les mathématiques et le calcul sont aux sciences physiques ; l'une et l'autre de ces sciences précisent les faits et donnent par-là même les moyens d'énoncer les rapports pour en faire des principes. Une remarque qu'on peut faire tous les jours dans ce qu'on appelle le monde, prouve avec évidence que sans principes il n'y a pas que les sots ne voient rien , c'est qu'ils ne savent pas lier leurs *idées*.

Les faits primitifs , les sensations, sont les mêmes pour tous les hommes, puisqu'ils sont tous doués des mêmes organes , et cependant quelle différence entre le sot et l'homme d'esprit ! D'où peut venir cette différence , si ce n'est du plus ou moins de distinction et de liaison dans les idées. On voit qu'il n'y a d'expérience que pour l'homme qui sait penser , c'est-à-dire lier ses idées à des principes.

Les idées générales qu'on appelle *abstraites*, sont celles qui donnent le plus d'expérience réelle, puisqu'elles embrassent le plus de faits liés entr'eux par un principe commun.

D'où vient donc la pauvreté de nos idées morales , si ce n'est de la pauvreté de nos

d'expérience, c'est de voir des hommes jouer vingt, trente ou quarante ans à tel jeu comme au wisk sans dépasser jamais une certaine ligne de bien ou mal jouer. Quelle masse d'expérience dans une heure de jeu pour un Euler? Mais, faute de principes un peu raisonnés, chaque mauvais joueur demeure invariablement fixé à sa ligne de médiocrité. Ces joueurs sont une parfaite image des sots , éternellement condamnés à raisonner mal, et à ne jamais réfléchir à ce qu'ils font et à ce qu'ils disent.

principes sur la nature intime de l'homme. La Bruyère même parle sans cesse du cœur et de l'esprit, sans savoir ce que c'est que le cœur et l'esprit. On parle encore de mémoire et d'imagination sans distinguer ces facultés. Nous connoissons nos facultés mentales par leur nom sans connoître leur lois, ni leurs nature. Le peu que nous savons de l'esprit humain nous le devons au langage ; c'est le langage, ce sont les mots qui nous apprennent qu'il y a un cœur, un esprit, une imagination, une intelligence. Sans ces mots nous n'en saurions rien. C'est du langage encore que nous avons appris que les idées et les sentimens étoient deux choses. On parle de l'esprit humain comme des sauvages parleroient d'une montre qu'ils n'auroient pas su ouvrir. Ils en voient marcher les aiguilles, ils entendent remuer quelque chose de vivant qu'ils appellent l'âme. Bientôt quelque controverse s'établit sur la nature de ces phénomènes ; on dispute, on se querelle, mais personne ne cherche à ouvrir la montre pour en voir les rouages.

Je dirois, en passant, qu'on voit par ce que je viens de dire sur la formation des principes, combien la libre communication des idées est nécessaire pour en acquérir. Les principes n'étant que des faits généralisés , ne peuvent se former que par une vive circulation d'idées , et une libre communication de faits et d'opinions. Nous devons peut-être aux idées irréligieuses les meilleures preuves de la religion chrétienne ; souvent les livres immoraux ont donné naissance aux plus sublimes traités de morale. Partout la Providence a fait sortir le bien , de l'excès même du mal. Quand Catilina eût jeté le masque , alors retentirent ces catilinaires de Cicéron , qui , depuis près de deux mille ans ne cessent d'inspirer l'horreur du crime. Sans une libre circulation d'idées tout languit , la vérité dort à côté de l'erreur , et dans ce sommeil universel , l'aveugle et stupide puissance règne impunément avec tous les vices pour le malheur et l'avilissement de ses victimes.

Il y a dans la stupidité et dans l'hypocrisie un instinct admirable qui leur fait aimer le mystère , c'est par le mystère que les sots et les méchants échappent aux principes. Ce n'est que dans le gaz méphitique du mystère qu'ils respirent et vivent à leur aise. Mais la puissance du bien est dans la lumière , celle du mal dans l'ignorance et les ténèbres.

Nous voyons par la marche des sciences ,

que la vérité , semblable au soleil , n'arrive à l'homme que par un crépuscule, nous voyons qu'il faut partout traverser les erreurs pour parvenir à la vérité. Arrêter l'erreur dans sa marche , c'est prolonger la nuit et retarder l'arrivée de la lumière.

Les pays dont les lois sont bien mauvaises se sauvent quelquefois par la contrebande. Il en est de même de la fausse morale qui perdroit l'homme si elle étoit suivie. Bien penser, a dit Pascal , voilà le fondement de toute la morale.

Si la parole suffisoit pour faire aller les nations d'après toutes les vues bornées , et tous les préceptes exagérés ou absurdes de leurs orateurs, ou en seroit le genre humain? Tel mystique fait guerre à mort à la raison , tel autre la fait à l'imagination. Que deviendroit l'homme sous les couteaux de tous ces charlatans? Ces absurdités pourroient - elles être répétées si la nature spirituelle de l'homme étoit connue avec quelqu'évidence. Quand je pense à tous ces hommes qui se mêlent de la conduite du genre humain , je crois voir d'ignorans villageois régler l'horloge de leur village. Chacun y met la main, l'un pour le faire avancer, l'autre pour le retarder , sans aucun égard à sa construction. L'homme n'est pas un horloge, mais un tout combiné de manière, qu'on ne touche pas à un rouage sans toucher à quelque ressort inconnu, qui produira des mouvemens inattendus, et des effets souvent très-opposés à ceux que l'on avoit espérés. Que conclure de tout ceci ? C'est qu'à l'étude des actions humaines il faut joindre l'étude des ressorts qui font agir, qu'à l'étude des faits il faut joindre l'étude des principes, et ne jamais oublier que la connoissance de l'homme, peut-être la plus négligée de nos jours, est de toute la plus importante.

SECONDE PARTIE.

LIAISON DES IDÉES.

ÉTUDES DE L'HOMME,

POUR

SERVIR A LA CONNOISSANCE DES PRIN-
CIPES MOTEURS DES ACTIONS HU-
MAINES.

SECONDE PARTIE.

LIAISON DES IDÉES.

Dans la liaison de nos idées, il faut distinguer quatre grandes classes de liens.

1.° L'association des idées.

2.° La liaison des idées.

3.° Le mouvement des idées opéré par les
sentimens moraux.

4.° Le mouvement des idées opéré par le
sentiment du beau.

CHAPITRE PREMIER.

L'Association des idées.

On a peu éclairci encore la différence qu'il
y a entre l'association des idées, et la liaison

des idées. Je vais aborder ces régions peu connues de l'âme ; j'ajouterai quelques recherches sur ce qui fait lien dans les sentimens moraux et dans les beaux arts. Ces quatre chapitres jeteront peut-être quelque jour sur les grands phénomènes de notre âme, ou donneront lieu à de nouvelles recherches.

L'association des idées est un phénomène de l'imagination, né du rapport que l'organisation a établie entre les sentimens et les idées. Cicéron, en parlant de la mémoire dit : un avare oublia-t-il jamais la place où il a enfoui son trésor? D'où vient cette forte liaison entre l'idée du trésor et la place où il l'a enterré, si ce n'est du *sentiment* de l'avarice qui associe fortement ces idées ? Ici le lien des idées est, non dans les idées, mais dans le sentiment. Voyez comme Ovide, dans son affreux exil, aime à recueillir tous les souvenirs de Rome ; il prête une âme à la lettre même qui va voir sa cité chérie. De pareils souvenirs sont forts en raison du sentiment qui *associe les idées.*

Mais toutes les idées sont plus ou moins liées dans notre esprit, parce que nous ne sommes jamais totalement dénués de sentimens, et que tous les sentimens sont toujours excitateurs et liens de quelques idées.

Le tableau de nos idées se colore et se décolore selon le sentiment qui le compose. Ce sentiment vient-il à s'éteindre le tableau s'efface, et fait place à d'autres sentimens et à d'autres tableaux , à peu près comme nous voyons les nuées se former et se déformer par l'effet des vents et de la température.

Le sentiment anime et lie entr'elles, non-seulement , les sensations qu'on éprouve actuellement , il ressuscite et lie celles même qu'on n'éprouve plus.

Dites à une personne qui aime , qu'elle a une rivale dans la femme qu'elle voit depuis long-temps , et vous verrez renaître dans l'âme de cette amante tous les souvenirs effacés qu'elle peut avoir eus de la femme qu'elle déteste maintenant. Il y aura dès-lors chez la femme jalouse une association de souvenirs tous liés par un même sentiment, celui de la jalousie.

Que deux hommes d'avis différens en politique soient présens à une émeute populaire. chacun la verra à sa manière. Ils peuvent l'avoir vu très-bien l'un et l'autre, et néanmoins en faire des tableaux différens.

Leurs yeux auront vu le même événement, et cependant le tableau de l'un sera l'opposé du tableau de l'autre ; ce qui prouve que ce n'est pas par les yeux, mais par le sentiment associateur que nous voyons.

Les sensations ne fournissent pour ainsi dire que les lettres du discours, mais c'est le sentiment qui les arrange et leur donne le *sens* qu'elles ont pour nous.

On voit que dans l'association des idées, les liens des idées sont *en dehors* des idées : de là vient que les idées les plus absurdes, les images les plus folles peuvent naître dans l'esprit humain, puisque ce n'est que le sentiment qui les lie.

Il est de la nature de l'imagination de ne raisonner jamais, par conséquent d'admettre toutes les contradictions, et d'y *croire* par le sentiment même qui en a fourni l'assemblage.

Nous avons vu que les sentimens agissent sur les idées, mais les idées à leur tour réagissent sur les sentimens. C'est donc par nos sentimens que nos idées se lient et se conservent. De là vient que chez les hommes oisifs et sans habitude d'aucun travail sérieux, toutes les idées s'éteignent avec l'âge. De là la stupidité qui tôt ou tard atteint l'homme oisif sur la route de la vie, stupidité honteuse, puisqu'elle est, non l'ouvrage de la nature, mais le fruit de l'oisiveté, et de la nullité d'une existence livrée à de petites passions et au hasard du moment.

Les passions qui tiennent aux sens, à la vanité ou à l'égoïsme, sont dangereuses à conserver. Il est dangereux de se livrer tout entier à l'amour, lorsqu'on a passé l'âge de plaire par la figure; la carrière de l'ambition est pleine d'écueils pour l'homme qui n'a plus l'activité de la jeunesse; l'avarice est triste de sa nature et pleine de lâcheté, puisque l'homme qui craint sans cesse de manquer de quelque chose est sans confiance en lui-même.

L'amour du bien, de la vertu et des lettres, voilà des passions qui ne peuvent vieillir, et qui, en croissant avec l'âge, semblent rendre à l'homme une jeunesse d'autant plus belle qu'il ne la doit qu'à lui-même.

Il y a dans la vie pensante une action continuelle de la pensée, qui, bien ménagée élève l'âme à des jouissances continuelles et à une vie toujours renouvellée. Mais c'est surtout l'étude de nous même qui est pleine d'attraits pour l'homme qui a le pressentiment de sa future grandeur, et cette confiance en la sagesse suprême, protectrice des êtres sensibles, comme elle l'est du système du monde.

Le sentiment qui *associe* les idées produit dans l'âme un second phénomène de la plus haute importance, celui de colorer d'amour ou de haine les idées qu'il associe. Tel sentiment en politique, non-seulement, me fait *penser* à telle personne, mais me rend cette personne *chère* ou *odieuse*, selon le sentiment qui a composé le tableau de mes idées.

Cette action du sentiment sur les idées fait que je *crois*, sans raison, tout le bien où tout le mal de la personne que j'aime ou que je hais.

Cette croyance produite par le sentiment est la source féconde de toutes les croyances absurdes, de toutes les calomnies, de tous les miracles débités sur ce qu'on hait ou qu'on adore.

Comme l'association des idées se trouve *hors des idées*, les contradictions et l'absurdité de la croyance ne font rien à la foi qu'on y porte ; au contraire, plus les choses qu'on voit sont bizarres et hors de la route des idées habituelles, et plus elles ont de piquant pour l'imagination. Un miracle qui toucheroit aux idées raisonnables seroit peu-à-peu fondu par la réflexion, et cesseroit de produire le sentiment de surprise qui fait qu'on se plaît à y croire.

Un homme de beaucoup d'esprit m'a raraconté, qu'en allant à Paris par la diligence pendant la révolution, il savoit de quel parti étoient les personnes qui voyageoient avec lui, par leur manière de juger les chemins, et le pays par où l'on passoit. L'ami de la révolution trouvoit beau le ciel et les chemins, et le paysage, et la culture, tandis que l'ennemi de la révolution trouvoit tout affreux.

Si quelques principes psychologiques pouvoient se répandre parmi les hommes, ils leur enseigneroient à se défier des opinions, qui, par leur nature même, sont toujours étrangères à la raison, puisque le sentiment suffit pour les produire.

On voit que plus les sentimens s'exaltent et plus l'empire des croyances absurdes et mensongères va croissant. Il en résulte, non-seulement, une croyance positive, mais aussi une incrédulité positive. Le même sentiment, qui me fait croire sans raison, me fait rejeter sans raison toute croyance opposée à mon sentiment, ce qui double l'empire de la foi.

L'incrédulité aux choses raisonnables, et la haine de la raison même, sont les résultats nécessaires de la superstition et du fanatisme.

L'action du sentiment sur les idées produit donc les tableaux et les pensées que l'imagination me présente, elle produit de plus la foi que j'y porte, et décide de l'intensité de cette foi.

Mais le tableau des idées une fois tracé par l'imagination, on en voit quelquefois naître des rapports et des raisonnemens souvent très-lumineux. On dit que les fous raisonnent très-bien sur les idées qui les dominent, et cela doit être, puisque ces idées, fortement touchées par le sentiment, ont une intensité très-grande, qui rend leur rapport très-saillans.

De là tant d'écrits polémiques très-éloquens, et souvent très-bien raisonnés, c'est-à-dire très-conséquens dans leurs principes, inspirés par l'esprit de parti. De là aussi la difficulté d'écrire l'histoire de son temps. Il est probable que tout ce qu'on dit et écrit dans un temps de trouble manque plus ou moins de raison, et qu'il faut attendre la mort de toutes ces passions pour juger sainement les caractères et les événemens qu'elles avoient fait naître.

Avant d'entrer dans le domaine de la raison, je ferai observer que le sentiment du beau étant une des puissances de l'imagination peut servir de contre-poid, et pour ainsi dire de lest à l'âme agitée par les passions.

L'activité du sentiment est bornée. Tout ce que vous donne le sentiment du beau est né-

cessairement pris sur la part des passions. Voyez
la haine que tous les puritains et tous les mys-
tiques portent aux beaux arts, et croyez à la
justesse de leur instinct. Je sais que les passions aussi emploient les beaux arts comme les
fous emploient la raison , ce qui n'empêche
pas que le sentiment tout spirituel du beau
ne soit le contre-poison des passions sen-
suelles.

Ce qui constitue la force des passions c'est
la direction de leur mouvement. Tout, ce qui
par sa nature n'est pas cette direction, diminue
la force de ce mouvement en raison de sa divergence. Le sentiment du beau conduit à la
contemplation, qui a ses jouissances dans elle-
même, tandis qu'il est de la nature des passions de tendre à l'action et de se répandre
au dehors de nous par les objets extérieurs.

En se concentrant dans l'imagination , les
beaux arts ramènent l'homme aux jouissances
spirituelles.

CHAPITRE II.

De la Liaison des Idées.

Nous venons de voir l'association des idées.
La *liaison des idées* est un phénomène tout
opposé et de la plus haute importance; puis-

qu'il constitue un des grands caractères qui distingue l'intelligence de l'imagination.

L'association des idées se fait hors des idées ; elle s'opère par un sentiment commun à telles idées, ou à telle suite d'idées, sans autre rapport entr'elles que celui qu'elles ont temporairement avec le sentiment excitateur.

La liaison des idées est d'une nature totalement différente de l'association des idées. La liaison des idées se fait par les idées même, elle est invariable, et loin de tenir à un sentiment, elle suppose l'absence du sentiment. L'idée A est liée à l'idée B, lorsque comparant, par exemple, leur grandeur réciproque, je dis qu'A est plus grand que B.

Dans cet exemple, le rapport A *plus grand que* B, fait le *lien* des deux idées, et suppose la présence des deux idées.

L'idée *plus grand* n'est ni l'idée A, ni l'idée B, mais une troisième idée née de l'opération de l'esprit appelée *comparaison.*

Cette troisième idée de *plus grand* lie nécessairement les deux idées A et B, puisqu'elle suppose la présence des deux idées, et qu'elle ne peut exister sans ces idées. On voit que l'idée *plus grand* n'est point une sensation, mais un *rapport* né d'une opération 'de l'esprit appelée comparaison. Je puis bien faire voir de combien un fil est plus grand que l'autre, mais l'idée de *plus grand* n'est point ce bout de fil excédant, mais un rapport tout spirituel.

On voit que tout sentiment qui viendroit altérer les idées A ou B, altéreroit le rapport qui en doit naître, et qu'il faut une absence complète de l'imagination pour opérer le *lien* des idées destinées à former tel rapport.

L'imagination compare pour *préférer*, l'intelligence compare pour *juger*, c'est-à-dire, pour affirmer ou nier une chose d'une autre.

Locke avoit bien raison de dire que la *réflexion* étoit une *source* de pensées. La réflexion est l'opération de l'âme qui forme les rapports, elle est la source de toute *connoissance*. En distingant les idées elle en augmente le nombre par la création des rapports. Mais puisque la réflexion est une source d'idées, toutes les idées ne viennent pas immédiatement de la sensation. Quelle est la nature de cette seconde source d'idées.

La première source (la sensation) renferme en elle les élémens de toutes les œuvres de l'esprit. Nous avons vu qu'elle étoit toujours composée de quelqu'idée (ou représentation

d'un objet *extérieur*,) et de quelque *sentiment*.

La réflexion est une opération, pour ainsi
dire chimique, qui commence par séparer le
sentime nt de l'idée. De cette séparation naissent d'autres idées (celles de *rapports*) arrivées
par la sensation, mais développée par l'opération de l'esprit appelée comparaison. On voit
dans quel sens on pourroit dire que ces idées
là sont *innées*.

Quoiqu'il en soit de la nature des idées réfléchies, toujours est-il vrai qu'elles naissent
dans la sensation, et sont développées dans la
sensation par une opération de l'esprit. Elles
préexistoient donc dans la sensation.

Quelle vaste perspective s'ouvre tout-à-coup
à nos regards, lorsqu'en contemplant l'espèce
d'infini qu'il y dans nos sciences toutes composées de rapports, nous nous disons que ces
mondes de pensées qui n'attendent qu'une
opération de l'esprit pour éclore, nous les
portons au dedans de nous – même ! Quelle
profondeur de vie semble jaillir de l'abîme de
notre être lorsqu'on vient à réfléchir à tout ce
qu'il renferme dans son sein ! Quel respect
l'homme doit avoir pour sa propre pensée,
puisqu'elle porte en elle un avenir et des con-

noissances dont nous ne pouvons apercevoir les limites !

Revenons à la nature des idées réfléchies.

Toutes nos idées naissent *obscures* dans la sensation. L'attention, après avoir dégagé les idées de l'influence des sentimens, les compare entr'elles.

Le premier résultat de cette comparaison est de *distinguer* les idées. Cette opération est le grand caractère qui sépare l'intelligence de l'imagination.

C'est la distinction des idées qui fait que je puis *affirmer* ou *nier* quelque chose. La distinction des idées a toujours une même formule, les choses (ou leurs idées) *sont les mêmes*, ou *ne sont pas les mêmes* ; *affirmer*, c'est dire qu'elles sont les mêmes ; *nier*, c'est dire qu'elles ne sont pas les mêmes. — *Même*, ou *pas le même*, est la formule de toutes les sciences abstraites.

L'intelligence commence toujours son travail sur des idées obscures. Elle voit d'abord *con-fusément*, et au lieu de trouver le *même* ou *pas le même*, elle trouve le *ressemblant*. Le semblable est le *même* mêlé avec du *non même*. La *méthode analytique* est le triage de ces mêmes ou non mêmes. En concentrant l'état de la question elle ne fait qu'écarter le *non même* du *même*. A mesure que les idées s'éclaircissent et se séparent par petites masses, on répète cette opération jusqu'à n'avoir que *le même* sans mélange. La vue de ce *même* sans mélange produit ce qu'on appelle l'*évidence*.

Classer nos idées, c'est mettre les *mêmes* ensemble et les séparer des *non-mêmes*. Toutes les sciences ne sont que des classifications. *Ranger dans l'espace les choses existantes*, compose toute l'histoire naturelle dans toute son étendue. *Ranger dans le temps les êtres successifs* compose toutes les sciences qui s'occupent de la recherche des causes et des effets.

Abstraire, c'est encore classer, c'est mettre ensemble *les mêmes* en les étiquetant par l'énoncé de leur caractère qui dit ce qui les distingue de toute autre chose.

On voit l'absurdité des reproches faits aux nomenclatures. Il a bien fallu commencer par classer, et par classer mal et incomplètement les êtres coexistans, avant de savoir les classer bien. Il a fallu aussi faire des hypothèses et des systèmes, et classer mal et à l'aventure les êtres successifs avant de les classer bien. S'élever contre les classifications c'est s'élever contre la science même qui n'est que cela.

Chose admirable que cette opération si simple, de séparer le même du non même, ait pour résultat la connoissance de cette portion de l'univers en rapport avec nos sens. Cet instinct de l'intelligence, qui ne fait que trier les idées, les rend de plus en plus distinctes, et en fait sortir les rapports. Il a suffi pour créer toutes les sciences que nous possédons ; il suffira encore à nous donner toutes celles qui peuvent naître dans la suite. Ce qui est le résultat de la pensée de tous les hommes, chacun le porte dans soi, puisque tous les hommes sont doués des mêmes facultés, et qu'il n'y a qu'une intelligence pour l'espèce humaine.

J'ai dit que l'intelligence commence son travail par employer les idées obscures. On appelle obscurs les objets dont on ne voit pas toutes les parties. La distinction des idées en dévoilant des parties inaperçues est donc une véritable création d'idées. De là la richesse qui résulte de l'ordre. L'ordre n'est encore que ce même instinct qui range, c'est-à-dire distingue les idées.

Deux idées, celles d'espace et de quantité, ont suffi pour nous donner de vastes et sublimes sciences. Qui sait ce que tant d'autres idées non développées nous révéleront encore

Dans le domaine de l'intelligence c'est ce *même* ou *non même* qui lie ou délie les idées en les séparant par faisceaux. On voit que cette idée centrale, du même ou non même, est un *rapport* qui embrasse et lie *nécessairement* deux ou plusieurs idées, et par cela même sépare les idées qui ne se conviennent pas. Le *lien* est *dans* les idée. et non *hors* des idées comme dans le domaine de l'imagination. Si l'on veut continuer la comparaison entre l'intelligence et l'imagination, on peut dire que le *mieux* sert de lien dans l'imagination, comme le *même* sert de lien à l'intelligence. Cependant le *mieux* ne lie pas directement les idées *entr'elles*, mais les attache au sentiment associateur, c'est-à-dire à l'état momentané de la sensibilité. De là l'égoïsme qui règne nécessairement dans l'imagination, et qui nécessairement est étranger à l'intelligence.

De là le mouvement composé qui résulte de l'action combinée des deux facultés, qui fait sortir l'homme de la route de l'égoïsme étroit pour le ramener dans la ligne de sociabilité, où tous les hommes peuvent se rencontrer et cheminer ensemble.

Avant de finir cet article je dirois un mot du rappel des idées qui sert comme de pendant à l'association des idées.

L'intelligence est comme l'imagination une force active, elle range les idées d'après leur *ressemblance*, comme l'imagination les range d'après les préférences nées du *sentiment* du moment. De là ce qu'on appelle *analogie* qui classe les idées d'après leurs ressemblances.

Quand je vois un pont je le passe sans hésiter, parce que tout y passe sans danger. L'idée du *pont* et l'idée de *passer dessus* se suivent dans ma mémoire ; et très-souvent on suppose un raisonnement là où il n'y a qu'une association d'idées (1).

---

(1) L'expression d'association des idées est impropre, ou du moins exige une explication. Si l'intelligence est une force active, elle tendra à ranger les idées sous ses lois, et associera l'idée du pont à celle de passer dessus. Je crois toucher ici à plusieurs questions importantes. L'intelligence a-t-elle le pouvoir d'éveiller les idées dans la mémoire ? Voilà une question à laquelle je n'ai point de réponse.

Je vois plus clairement l'action de la sensibilité sur les idées et sur les sensations que l'action de l'intelligence émanée de l'âme même. Toutes les questions concernant l'opération de la volonté sont encore un problème irrésolu.

L'attention, la force qui agit contre le sentiment dominant, d'où viennent-elles ? quelles sont leurs lois ? toutes ces questions seront résolues un jour. Je crois

Les hommes chez qui l'intelligence domine, rangent leurs idées d'après leurs ressemblances et leurs rapports , comme , les hommes à imagination les rangent d'après leur sentiment. On a souvent confondu les idées *liées* par leurs rapports , avec les idées *associées* par un sentiment commun. Le mot association des idées peint très-bien des idées *associées* et non *liées* entr'elles , comme elles le sont dans le domaine de l'intelligence.

L'intelligence aussi joue son rôle dans la mémoire comme par exemple dans l'analogie, cependant ce rôle est bien plus court que celui de l'imagination.

On voit par le perfectionnement du langage

---

qu'une des règles de pratique les plus utiles en psychologie est de suivre dans cette science les traces lumineuses, en évitant les sentiers obscurs. Ce n'est jamais par les questions abstruses qu'on arrivera à la vérité, mais c'est toujours la lumière qui mène à la lumière. Il semble que les philosophes allemands ont un goût particulier pour les questions ténébreuses, et que, lorsqu'ils ont à opter entre une route bien éclairée et une route pleine d'obscurité, c'est toujours la dernière qu'ils préfèrent. Les Anglois, au contraire, ont une telle frayeur d'être accusé de faire des systèmes, que, de peur de dépasser les principes, ils se tiennent quelquefois en-dessous des principes.

et surtout de la grammaire combien la civilisation sert au développement de l'intelligence
et combien par là même , la raison doit acquérir d'empire par elle puisqu'en rangeant
les idées d'après leurs rapports , elle fait
naître ces rapports. La richesse du langage
des peuples non civilisés consiste dans un
grand nombre de synonymes pour exprimer
un très-petit nombre d'idées (2). La gram-

---

(1) Herder dit que la langue arabe a 50 mots pour
exprimer l'idée de lion, 200 pour dire serpent, 80 pour
dire miel, et 1000 pour épée. Ce qui rend les langues
de l'imagination riche en synonimes, c'est le manque
d'abstractions; chacun de ces mots synonimes exprime
une sensation individuelle que le terme général eût
fait disparoître. N'est-il pas singulier que dans l'arabe
il y ait 70 mots pour dire *pierre*, tandis que tout ce
qui tient aux opérations de l'âme n'en a presque point?

Le langage psychologique a deux difficultés à vaincre;
il faut d'abord exprimer métaphoriquement les opérations de l'esprit, puis il faut généraliser ces métaphores.
Ame vient de souffle; cette comparaison une fois adop-
tée, il a fallu généraliser ce signe, qui d'abord n'étoit
que l'expression d'une sensation individuelle, servant
de signe à une opération de l'esprit.

L'auteur d'un dictionnaire arabe, après avoir ras-
semblé 400 mots pour exprimer l'idée de *misère*, y
ajoute pour 401.ᵉ misère l'ennui de les compter toutes.

6

maire de ces peuples est pauvre, parce que la faculté de former des rapports (appelée intelligence) est peu développée chez eux. La

Herder observe que la langue de Ceylan est pleine d'expressions serviles; il y a douze mots pour dire une femme, dont chacun est approprié à la condition de la personne dont on parle. Dans la langue de Siam il y a huit manières de dire *toi* et *vous*, selon que l'on parle à l'esclave ou au maître.

La langue des Caraïbes est presque double suivant que la parole s'adresse à une femme ou à un homme. Il y a plus : chaque sexe a des mots différens pour les idées les plus communes, comme *soleil, lune, arc, lit, etc.*, et cependant ces mêmes Caraïbes n'ont que quatre mots pour exprimer les couleurs. Les Hurons ont un verbe lorsqu'ils parlent d'objets inanimés, et un autre verbe lorsqu'ils parlent de choses animées, de manière que *voir une pierre* n'est pas le même mot que celui de *voir un homme.* Pour dire *user* de mon bien, il faut un autre mot que pour dire *user* du bien d'autrui. Dans la langue du Pérou les relations de parenté ont des mots différens pour dire sœur du frère, ou sœur de la sœur, ou fils du père, ou fils de la mère, et néanmoins cette langue n'a pas de véritable pluriel.

Toutes nos idées sur l'âme sont dans leur origine des sensations : le mot *esprit* signifie dans son origine *vent et orage de nuit*, le mot *âme* signifie *souffle*, le mot *saint* s'exprime par le mot *séparé*, l'idée de *colère* s'exprime en soufflant fortement par le nez. En islandois *douter* s'exprime par le mot *ifa* de *if*, qui veut dire *si*; l'homme qui doute est l'homme qui dit *si*.

grammaire toute composée de rapports, est comme le squelette du langage ; son développement exprime le degré de développement de l'intelligence.

Les Péruviens n'ont point de mots pour *temps*, *espace*, *corps*, *vertu*, *justice*, *liberté*, *reconnoissance*, quoique toutes ces idées ne leur soient pas inconnues. Mais tant que les idées ne sont pas généralisées et fixées par une image, tant qu'elles tiennent à la sensation plutôt qu'à la pensée, elles n'ont pas de nom.

Comme les déclinaisons et les conjugaisons expriment des rapports de temps et de personnes, etc., il y en a peu de véritables dans les langues non perfectionnées, et, le peu qui s'y trouvent, ne sont pas fixées. Dans quelques langues il y a un débordement de *conjugaisons*, comme dans les substantifs il y a une foule de synonimes, parce que les *rapports* qu'on exprime ne sont encore qu'individuels. Dans ces langues le mot *manger* varie selon le met que l'on mange : de là le coloris de ces langues où tout se peint, parce que tout y est senti, et que rien n'y est abstrait.

Une remarque singulière c'est que les langues mal formées ont plusieurs *passés* ; la raison en est que, comme on se servoit du langage pour raconter, et que ce qu'on raconte est dans le passé, le *passé* est le *temps* le plus naturel.

On demandera comment une langue a pu exister sans grammaire. Je réponds que les langues ont été long-temps parlées avant d'être écrites, et que l'accent de la voix et le geste ont sans doute suppléés à ce qui

Les Grecs, le peuple le plus civilisé peut-être de la terre, avoient la grammaire la plus riche, ce qui prouve que le développement de l'imagination, loin de nuire à l'intelligence, hâte ses progrès par un effet de cette harmonie originelle que Dieu a mise entre toutes nos facultés.

Je dirai un mot de l'association des idées simultanées. Cette association n'est pas différente

leur manquoit en grammaire. Dans l'écriture des Méxicains on ne voit que des images, quelquefois liées par un trait qui indique leur liaison. Quand un Siamois veut dire : *Quand je serai à Siam, je serai bien content*, il dit : *Si moi ville Siam moi cœur beaucoup*. Les idées abstraites (les rapports) sont les dernières à prendre un signe.

J'ajouterai que *l'écriture* a sans doute contribué à la formation des langues. Les difficultés d'écrire, en forçant d'attacher plusieurs idées individuelles à un même signe, a aidé la généralisation des idées, et la pauvreté même des moyens a pu servir au progrès du langage.

Les langues, dans leur origine, avant d'être écrites, n'étoient composées que de signes naturels. Chaque sentiment a son regard, son accent et son geste ; et l'homme est construit de manière à comprendre ces signes, comme l'œil est construit pour voir les objets visibles : cette faculté de comprendre le sentiment d'autrui constitue en grande partie ce que j'appelle *sens moral*.

de la simple mémoire. Quand je me rappelle le jardin où j'ai cueilli des fleurs, ce souvenir, composé par le langage qui distingue les fleurs du jardin où je les ai cueillies, ce souvenir n'est réellement qu'une seule impression nerveuse, qui me retrace à la fois *tout* le tableau qui s'étoit peint dans mes yeux. En me souvenant des fleurs à propos du jardin, je ne fais que compléter un même tableau, comme lorsque je me souviens d'un carré je me souviens de ses quatre côtés. La distinction que je fais quand je sépare l'idée des fleurs de celle du jardin est une opération de l'esprit; la liaison primitive de ces idées est pour ainsi dire nerveuse : elle suppose une même impression sur l'organe de la vision; dans ce cas-ci, l'association des idées a précédé leur distinction.

CHAPITRE III.

Ce qui fait lien dans les sentimens moraux.

Ce qui unit un sentiment à un autre sentiment est d'une nature toute différente de ce qui associe ou lie les idées.

Rien de plus intéressant que de faire voir ce qui unit un sentiment à un autre, par conséquent ce qui lie l'homme à l'homme, ou ce qui le repousse de son semblable. Ces lois de l'attraction ou répulsion morale composent réellement le système social de l'homme.

Commençons par donner la définition de sentimens moraux.

Ce qui caractérise le sentiment c'est d'être agréable ou désagréable. Il y a plus : tout sentiment tend à l'action, tout sentiment veut ou ne veut pas, repousse ou attire, et exerce par-là une action continuelle sur les idées de sa convenance. Tels sont les phénomènes spirituels que présente la sensibilité.

L'action et réaction que l'homme exerce sur l'homme par ses sentimens, compose la théorie des sentimens moraux, qu'on appelle *moraux* parce que l'état moral de l'homme est toujours le résultat heureux ou malheureux de l'influence des sentimens de ses semblables sur ses propres sentimens.

La nature a établi trois grands rapports entre nous et les choses (ou objets extérieurs) que l'on a peu éclaircis.

Le premier et le plus connu, c'est le rapport des objets extérieurs avec les organes de nos sensations; mais ce rapport n'a été saisi que sous le point de vue des *idées* qui en naissent.

On a vu que l'œil donnoit l'*idée* des couleurs, l'oreille du son, etc. Ce rapport merveilleux des objets extérieurs avec nos organes,
et le rapport de ces organes avec le système
nerveux, et par ce système avec l'âme, fait
voir une harmonie admirable dans l'ensemble
de la création, d'où résulte que les rapports
des choses à nous ne sont pas moins précis
que les rapports de nos organes avec l'âme.
L'homme, plus les objets extérieurs ne composent pas moins un *tout* que les parties qui,
entr'elles, composent l'homme même. Le
rayon de lumière plus l'œil compose un tout,
aussi bien que l'œil plus l'âme qui en reçoit
des sensations.

Le second des grands rapports qui mérite
nos recherches, c'est le rapport des objets
extérieurs, non avec nos *idées* mais avec nos
sentimens; c'est par ce rapport que l'homme
sentant distingue ce qu'il doit préférer (1).

---

(1) L'homme même, en tant que décidé à agir, est
toujours décidé par un sentiment, et le sentiment est décidé par l'organisation, ce qui n'empêche point sa liberté. La liberté est la faculté d'être déterminé par
la raison; mais, lorsqu'il est question d'agir, l'homme
a un but, ce but est un bien, et ce bien est un sentiment. Mais supposez qu'à chaque idée soit attaché

Cette faculté du moindre insecte, de distinguer ce qu'il doit préférer ou fuir, est due
à l'organisation, tout aussi bien que de *voir*

---

un sentiment, il en arrivera que chaque combinaison
d'idée sera une combinaison de sentiment, et s'il pré-
existoit une harmonie entre nos idées et nos sentimens
qui fît coïncider nos principes avec notre bonheur et
notre bonheur avec nos principes, il en arriveroit que
tout exercice de cette faculté appellée raison, seroit
en harmonie avec nos sentimens ; et on se *décideroit*
en réalité par le sentiment, parceque la raison développée coïncideroit avec le sentiment développé par elle.

Il en seroit à-peu-près comme d'un horloge qui
sonne à l'heure indiquée par l'aiguille, quoique l'aiguille et la sonnerie soient mues par des rouages
différens.

Je vois clairement que toute délibération prise en
conséquences de quelques principes, est le résultat de
l'intelligence et non de l'imagination. Mais l'intelligence, en combinant les idées, combine en même temps
les sentimens attachés à ces idées, de manière que les
décisions de l'intelligence se trouvent en harmonie
avec les sentimens. La combinaison se fait dans les
idées par les lois de l'intelligence, et cette combinaison
intellectuelle se trouve ensuite d'accord avec nos sentimens, par un effet de l'harmonie originelle que l'Être
suprème a établie dans tout le système sentant et pensant. L'expérience est d'accord avec ces principes, et
nous voyons par tout le bonheur de l'homme se développer avec sa raison.

est dû à l'œil. La même sensation qui fait *voir* le grain de blé au poulet le lui fait *rechercher*, avec cette différence que l'action de *voir* le grain de blé s'arrête à l'organe de l'œil, tandis que l'action qui produit le désir de le manger pénètre jusqu'à l'organe central de l'animal.

Le premier rapport, dont nous venons de parler, donne le rapport des choses avec les idées, rapport d'où résulte la *connoissance*; le second rapport est celui des objets extérieurs de nos besoins avec notre sensibilité, d'où résulte les *préférences* que nous donnons à un objet sur un autre.

Le troisième grand rapport a ses lois particulières; c'est le rapport moral d'homme à homme, qui fait qu'*on aime et qu'on hait*, qu'on s'attire et se repousse, rapport merveilleux sur lequel repose tout le système social.

Ce troisième rapport aussi ne peut s'expliquer que par une organisation préformée, qui fait que l'accent de chaque sentiment fait retentir quelque sentiment par des lois préétablies particulières à chaque espèce d'êtres sentans.

L'admirable théorie des sentimens moraux d'Adam Smith n'a point été comprise, et l'ou-

vrage le plus digne de faire naître une nouvelle psychologie est resté sans résultat. La
raison en est que l'auteur a développé avec
une grande sagacité une foule de faits, sans
indiquer les principes psychologiques sur lesquels ces faits étoient fondés; son arbre, sans
racines, est resté sans fruits.

En réfléchissant à l'ouvrage de Smith, on
voit avec évidence que les actions morales
ayant pour mobile la sensibilité, la théorie
des *motifs* qui détermine nos actions envers
nos semblables repose sur la théorie des sentimens moraux, et c'est toujours dans les motifs qu'est placée la moralité.

Mais si toutes les idées sont liées avec quelque sentiment, tout sentiment aussi se trouve
lié avec quelque idée, de manière que les
lois du mécanisme social ne sont pas le résultat unique de nos sentimens, mais celui des
sentimens *combinés avec les idées.*

La Suprême Sagesse a établi une harmonie
admirable entre les idées et les sentimens,
entre la sensibilité et la raison, entre l'imagination et l'intelligence, qui fait, que chaque
pas vers le développement de l'une ou de
l'autre de ces facultés, est un pas fait vers le
bonheur, qui n'est que l'accord de ces facultés.

Si la raison n'atteint pas à chaque pas le bonheur, c'est qu'il ne faut point confondre la raison avec le raisonnement. Il ne suffit pas d'être sur le terrain de l'intelligence, et d'avoir renoncé aux passions pour avoir raison, puisque le domaine de l'intelligence comprend également la faculté de raisonner mal, et de raisonner bien.

Le soleil de l'intelligence pure est précédé d'un long crépuscule que les hommes prolongent par toutes les entraves qu'ils mettent à la pensée. La route de la raison tend au bonheur comme la boussole tend au pôle, mais la boussole seule ne suffit pas à l'art de la navigation, qui, comme l'art de vivre, est le résultat d'une foule de connoissances, que l'on ne peut acquérir que peu à peu.

La raison morale, je veux dire celle qui est destinée à la conduite de l'homme social, suppose essentiellement quelque lumière, quelque connoissance des hommes, et quelques aperçus des motifs qui les font agir. Voulez-vous aller plus loin, il faut remonter à la théorie de ces motifs, et, s'il se peut, arriver à quelques principes. Les petites maximes et les petites recettes que chaque ignorant voudroit nous donner, ne font qu'éloigner l'homme de cette raison que la Suprême Sagesse a placée dans son âme pour être développée peu à peu.

La religion, en augmentant les motifs d'agir bien, en ouvrant à l'imagination une route que la raison lui eût ouverte plus tard, hâte les progrès de la vertu, que toute fausse croyance ne fait que retarder.

Mais revenons à notre sujet.

Quoique chez l'homme vivant en société tous les sentimens soient combinés avec plus ou moins d'idées, chacun de ces élémens de notre être spirituel (sentiment et idée) n'en suit pas moins ses propres lois. Voyons quelles sont les lois particulières par lesquelles les sentimens agissent sur les sentimens. Nous n'avons considéré jusqu'ici nos sentimens que dans leur rapport avec les idées, nous allons voir rapidement leur rapport avec eux-mêmes.

Les sentimens agissent l'un sur l'autre.

1.º Par leur unisson. Quand on approuve un sentiment on est en unisson avec lui.

2.º Par les lois d'une harmonie peu connue en théorie.

3.º Par leur intensité réciproque.

4.º Par leur durée relative.

5.º Par le passage plus ou moins rapide d'un sentiment à un autre.

6.º Par les idées combinées avec les sentimens.

Je distingue les sentimens agréables en deux grandes classes, en sentimens consonnans et en sentimens harmoniques.

Nous aimons que les hommes qui nous entourent sentent comme nous. Nous appelons *sympathie* cet accord agréable. Le goût de tous les hommes pour la flatterie a son origine dans le sentiment agréable que cet unisson avec notre vanité nous fait éprouver. Le sentiment de l'ambition est né de cette même source. Nous aimons voir tous les hommes occupés de nous, et tous les sentimens à l'unisson des nôtres. Et comme rien n'est plus rare chez l'homme non civilisé que de savoir mettre quelquefois ses propres sentimens à l'unisson de ceux d'autrui, il ne sait d'autres moyens pour y arriver que de soumettre les volontés d'autrui par la force. De là l'intolérance et le despotisme des sots, qui, pour ne savoir pas se plier aux choses, veulent que les choses se plient à eux.

Mais les lois de cet unisson souffrent beaucoup d'exceptions. La flatterie poussée à l'excès révolte, parce qu'on n'aime jamais un sentiment au-delà d'une certaine limite. La limite

des sentimens est particulière à chaque sentiment et à chaque individu , et à chaque état
de son âme. On peut aimer même la douleur
comme en musique on aime les dissonances,
pourvu que ce sentiment ne soit qu'effleuré ,
etc. On n'aime la joie que jusqu'à une certaine
limite, qui est sans doute le plus souvent la
fatigue de l'organe.

2.° L'*unisson* des sentimens n'est pas la
seule source de sentimens agréables nés de
l'action des sentimens d'autrui sur notre sentiment. L'harmonie est une seconde source de
sentimens agréables.

J'appelle *harmonique* tout sentiment agréable qui n'est pas à l'unisson.

Rien de moins connu que la théorie de ce
que nous éprouvons le plus fréquemment dans
la vie, je veux dire l'action des sentimens
d'autrui sur nos propres sentimens. Le moindre
romancier sait quelque chose de la marche des
sentimens dont la théorie n'a jamais été entreprise avec quelque succès que par Adam
Smith.

Il y a des règles pour l'harmonie musicale :
il n'y en a point encore pour l'harmonie sen-
timentale. Il eût fallu continuer l'ouvrage
d'Adam Smith, et chercher des lois générales

à cette foule de faits que nous éprouvons chaque jour et que Smith nous fait connoître avec tant de sagacité.

Par exemple, l'amour et la pitié sont des sentimens harmoniques, tandis que la pitié et l'avarice ne le sont pas. *La peur n'est jamais harmonique avec l'amour*, tandis que le courage et l'amour sont harmoniques, etc.

J'observe que dans la vie vulgaire les sentimens sont tellement mêlés et combinés entre eux qu'il est difficile de saisir, parmi tant de confusion, les lois de l'harmonie qui ne laissent pas d'exister réellement. Avant la naissance de la musique on ne connoissoit que des *bruits*, c'est-à-dire des sons confus, que l'art est parvenu à démêler. Il en arrivera sans doute de même de la théorie des sentimens, la plus importante peut-être de toutes les sciences.

3.° *L'intensité* fait loi dans la théorie des sentimens comme les forte et les piano la font en musique. On n'annonce qu'avec précaution et que peu à peu une mauvaise nouvelle, tandis qu'on n'en sauroit dire assez promptement une bonne. *L'intensité du plaisir* de boire et manger a sa mesure et sa durée.

4.° La *durée* d'un sentiment, semblable aux

longues et brèves notes dans la musique, est encore une loi. Un compliment, quelque bienveillant et flatteur qu'il soit, peut ennuyer s'il est trop long. Appuyez-vous trop légèrement sur une félicitation, vous blessez.

5.° Le plus ou moins de mouvement et de vitesse que vous mettez dans la *succession* des sentimens plaît ou déplaît. Le récit d'une exécution ne se fera pas comme le récit d'une aventure de bal. La succession trop lente dans les sentimens passera dans les paroles, et l'on sera *lourd* toutes les fois que le mouvement des sentimens ne sera pas en mesure avec celui de la personne à qui l'on s'adresse. Ceci est surtout important en éducation, où tel reproche fait en passant peut être utile, qui trop prolongé peut nuire.

6.° Il semble au premier abord que les idées ont une grande influence sur nos sentimens. Je suis agréablement touché par un compliment ; mais si j'apprend que la personne qui me l'adresse est une personne méprisable, le plaisir que son compliment m'avoit fait disparoîtra, ou peut-être se changera en indignation.

L'idée que j'ai prise de cette personne semble donc avoir agi sur mon sentiment ; mais dans ce cas-ci ce n'est point *l'idée* qui a changé mon sentiment, mais le *sentiment* de *mépris* qui est venu s'allier avec l'idée.

Parlez à tel Anglais d'un bal de dimanche, ou à tel Juif d'une œuvre faite le samedi, et vous choquerez l'un et l'autre, non dans ses *idées*, mais dans ses *sentimens*.

Des principes, en apparence tout abstraits, comme l'observation du dimanche, ne sont *choqués* que par le sentiment qui s'y trouve attaché. La transposition des idées produit une transposition de sentimens qui, par leurs combinaisons, peuvent agir sur le sentiment ; mais je ne sais si jamais les idées exercent une influence directe sur les sentimens, autre que celle de les rappeler tels qu'ils se trouvent liés dans la mémoire.

Tel *mot* injurieux bouleverse mon être tout entier, mais ce mot, dira-t-on, n'est qu'un son et une *idée ;* cela est vrai, mais à cette idée se trouvent attachés des sentimens violens, que le mot est venu incendier, c'est donc par le *sentiment* et non par l'idée que le mot a agi.

La vue de la chèvre agit directement sur le chevreau nouveau né qui va teter sa mère ; mais cette *vue* est une sensation où le sentiment se trouve placé par la nature même *a*

7

côté de l'idée. Cette association *naturelle*, née dans la sensation, est le grand mobile de l'instinct qui guide tous les êtres sentans. Sans cette première attache de l'idée au sentiment, comment la simple *représentation* d'un objet extérieur annonceroit-il au chevreau nouveau né les rapports de la vue de sa mère avec son *besoin* de teter ? L'eau que je bois quand j'ai soif, et l'eau que je dédaigne lorsque je n'ai pas soif sont la même *idée*, mais l'une associée et l'autre non associée au sentiment de la soif (1).

Venons maintenant à ce qui fait lien dans nos sentimens moraux.

J'ai dit que le lien *des idées associées* (qui composent le domaine de l'imagination) étoit

─────────────────────────

(1) Il faut ici prévenir une objection. Si dans la sensation même la soif est associée avec l'idée de l'eau, comment peut-elle s'en désassocier ?

Je répond que tout sentiment est un *désir*, et que le désir *satisfait* n'est plus ce qu'il étoit *avant la jouissance.* Tous les sentimens sont sujets à cette métamorphose. Le *dégout,* qui nait de la satiété, prouve encore la présence du sentiment, mais du sentiment changé par la jouissance. Cette objection est une nouvelle preuve de la présence du sentiment dans la sensation.

dans le sentiment associé à un certain nombre d'idées en rapport avec lui.

J'ai fait voir que, dans le domaine de l'intelligence, le lien des idées étoit non dans le sentiment, mais dans les idées mêmes. Je vais faire voir que, dans le domaine des sentimens moraux, les sentimens sont liés aux sentimens.

Au premier coup-d'œil, *aimer quelqu'un* suppose l'association d'un *sentiment* agréable avec l'idée de la personne aimée, et cependant ce n'est point là la raison pourquoi je l'aime. J'ai toujours quelque motif pourquoi j'aime une personne plutôt qu'une autre. Cette préférence est toujours un sentiment en harmonie avec le mien. Prenons, par exemple, le sentiment le plus naturel, l'amour non purement physique, mais moral. Le premier et le plus doux des sentimens, que l'amour puisse éprouver, est celui d'*être aimé*. Ce *sentiment, en unisson parfait avec l'amour*, compose le lien de l'amour. Viens-je à découvrir que la personne que j'aime en aime une autre, je suis blessé dans ce sentiment et non ailleurs. Cette personne, je la verrois avec tous ses charmes, plus belle que jamais, elle sera en apparence toute à moi, et cependant ma blessure n'en sera pas moins vive, parce que c'est *dans mon sentiment* et non dans mes sens que je suis blessé.

L'avare aussi aime réellement l'homme qui veut lui être utile, mais la soudure de son sentiment sera dans le sentiment de son avarice. Blessez cet avare dans ce sentiment-là, obligez-le à payer pour cet ami, et il cessera aussitôt de l'aimer.

Vous aimez réellement par ambition, vous éprouvez tous les symptômes d'un attachement véritable, mais que l'homme puissant que vous n'aimez que par ambition, vienne à perdre son crédit, vous n'aurez plus pour lui que des procédés. Il n'en est pas de même de l'amitié, ce sentiment suppose une harmonie de senti-mens très-composée : on peut en amitié être blessé dans tel sentiment et tenir encore beaucoup par tous les autres liens.

Ce qui donne quelquefois de la durée à nos sentimens, ce sont les idées associées, qui font comme un nimbe brillant autour du sentiment central qui en est réfléchi de toute part, et nous enchante tant que nous aimons. Ces idées associées s'entrelacent et se nouent par des convenances, surtout par l'habitude, et forment comme un réseau, de manière qu'on peut n'aimer plus, et avoir toutes les décorations du sentiment qu'on n'a plus. On voit combien une pareille situation peut devenir pénible, lorsque le sentiment est changé et que la décoration de nos idées et de nos habitudes restées les mêmes se trouvent en opposition avec nos goûts et nos besoins.

Les goûts et les passions qui ne sont plus, nous laissent après eux les associations qu'ils ont fait naître, et qui se conservent jusqu'à-ce que quelqu'autre sentiment vient les effacer; mais lorsque aucun sentiment n'arrive plus, ces décorations des vieilles passions restent là pour le tourment de leur auteur. Ces souvenirs inutiles sont tout ce qui reste aux vieillards qui ont vécu sans principes, et comme au hazard de l'événement du jour et de l'heure. De là le vide affreux qu'éprouvent ces malheureux condamnés à vivre avec des idées désenchantées, qui, loin de leur faire éprouver des plaisirs ne leur font sentir que des regrets.

Le moindre avantage des sciences est dans ce qu'elles nous enseignent. Leur premier bienfait est de nous créer des idées qui ne se flétrissent pas avec l'âge, comme toutes celles qui tiennent à des goûts futiles, vicieux ou passagers. Il y a plus.

L'habitude de la pensée est une espèce de

gymnastique qui, en donnant à l'âme de la
force et de la souplesse, étend le noble empire de sa volonté. La force et le bonheur de
l'homme viennent de lui : sa dépendance et
ses misères viennent, de l'empire qu'il laisse
prendre à tout ce qui l'entoure. Et comment
se défendroit-il de cette tyrannie de tout ce
qui n'est pas lui, s'il n'a jamais appris l'art de
régner sur lui-même ?

CHAPITRE VI.

Du Lien des Sensations dans les beaux-arts.
Ce que c'est que l'inspiration ; ce que c'est
que l'amour de la liberté.

J'ai fait voir que, dans les idées associées, le
lien des idées est dans le sentiment associateur ;
que, dans le domaine de l'intelligence, le lien
des idées est dans les idées mêmes ; et que
dans la théorie des sentimens moraux, il faut
placer ce lien non dans les idées mais dans
les sentimens.

Je vais faire voir que, dans les beaux-arts,
les idées, ou plutôt les sensations, sont liées
par le sentiment d'harmonie qui produit l'unité.

J'ai fait voir dans mon ouvrage sur l'imagination que le premier élément des beaux arts c'est *l'image*.

L'image est un composé d'idées, de sensations ou de sentiment qui a pour lien le sentiment de *l'harmonie*.

Le lien d'un accord en musique est dans le *sentiment de l'harmonie* qui en résulte. On n'a pas inventé la musique à priori. On a commencé par produire et varier beaucoup de sons divers ; on a trouvé que telle combinaison de sons plaisoit, que telle autre ne plaisoit pas, et l'on est parvenu à distinguer ce qui plaît de ce qui déplaît ; l'on a donné le nom d'accord aux sons dont la réunion donnoit du plaisir, et le nom de dissonance aux sons dont la réunion ne plaisoit pas.

En étendant ces observations on a trouvé de l'accord entre les accords. Il en est né des phrases musicales, puis ces accords se sont étendus de plus en plus. De l'étude de ces phénomènes est née l'idée de l'harmonie, c'est-à-dire l'idée d'une force d'attraction, capable de grouper nos sensations primitives en de petits touts, liés entr'eux par un sentiment central toujours agréable.

De là l'idée d'*unité* qui présente l'idée d'une force centrale qui fait lien dans les beaux-arts.

Cette même *unité* se retrouve dans tout le domaine des beaux-arts.

Il y a unité dans une statue lorsqu'il y a *accord* entre toutes ses parties. Tout ce qui entre dans cet accord est *beau*, tout ce qui n'y entre pas est laid, c'est-à-dire dissonant. L'idée de proportion est synonyme d'accord. Vous ne pouvez rien ôter de ce qui est d'accord sans blesser l'harmonie, ni rien y ajouter sans la blesser encore, puisque l'idée d'harmonie renferme l'idée d'un *Tout*. Il en est de même de la poésie et de la peinture : l'une et l'autre n'est parfaite que, lorsqu'on ne peut rien y ajouter, ni en ôter quelque chose sans la gâter.

Le génie des beaux-arts s'élève par le sentiment de l'harmonie. Le premier mouvement d'harmonie forme les *images ;* ce même mouvement inspirateur élève ensuite image sur image, et compose l'œuvre sublime des beaux-arts. L'âme des beaux-arts est donc dans ce besoin inné d'harmonie, qui, semblable à la force qui fait mouvoir les astres, attire ou repousse pour former son assemblage merveilleux.

On voit combien nos idéologies sont pauvres. Les *idées* isolées ne sont que les marionnettes du grand drame dont les fils sont mus derrière les coulisses. Dans le domaine de l'imagination, les forces motrices de l'âme sont placées dans la puissance mystérieuse appelée sensibilité ; dans le domaine de l'intelligence, règne cette autre puissance qui produit les rapports ; et dans les sentimens moraux nous ne pouvons méconnoître une force d'attraction et de répulsion, qui, dans le chaos de nos sentimens, attire ou repousse ce qui est fait pour être aimé ou haï, élevant de la sorte le magnifique édifice du système social.

L'idée de lien appliquée à l'âme est synonyme de force. En parlant du lien de notre être spirituel j'ai parlé des forces motrices de l'âme.

On voit que, plus nous pénétrons dans le sanctuaire de notre être, et plus tout se spiritualise. Nous avons vu que la *sensation* n'étoit que l'excitatrice des sentimens et des idées, en donnant l'éveil à la faculté de penser et à celle de sentir. Nous avons vu que le premier mouvement du sentiment et de la pensée est un mouvement tout spirituel, celui de comparer. De ce mouvement naissent dans l'imagination les *préférences*, et dans l'intelligence les *rapports*. L'âme vole de préférence en préférence, de rapports en rapports, d'harmonie en harmonie, et ce n'est que dans ces régions supérieures qu'il faut chercher cette plénitude d'existence qu'en vain l'on chercheroit ailleurs. Les sentimens isolés et les idées isolées n'arrivent pas à la connoissance du *moi*. Le sens d'une idée est déjà un rapport; un sentiment aperçu est déjà une préférence; une image est déjà de l'harmonie. Tout ce qui est sentiment et pensée c'est de l'âme, et quoique toujours en rapport avec les organes, l'âme n'en suit pas moins ses propres lois.

L'inspiration est un phénomène connu dans les beaux-arts. Elle est ce besoin d'harmonie toujours inséparable du génie. Le *génie* des sciences est une inspiration non moins réelle que l'inspiration dans les beaux-arts.

Il en est de même des hommes vertueux pour qui la bienfaisance est une inspiration. Tous les élans de l'âme comment les expliquer par le système nerveux? N'attestent-ils pas tous que l'âme est un organe distinct de la matière, et qu'elle a ses lois à elle. L'accord merveilleux des organes spirituels et matériels prouveroient-ils qu'ils ne sont qu'un même organe? Tout dans l'univers n'annonce-t-il pas ce sublime accord par qui chaque être vit et se meut d'après ses propres lois, toujours en harmonie avec celles des êtres co-existans. Dans les beaux-arts, l'inspiration tend au *beau*; dans les sciences elle tend au *vrai*, et dans les sentimens moraux elle tend à la vertu.

Ces nobles mouvemens de l'âme cherchent de partout à se faire jour au travers du chaos de la vie. Le besoin d'écarter tous les obstacles qui s'opposent de partout à leurs efforts, constitue *ce besoin de liberté* que nous voyons naître chez les nations civilisées. La meilleure législation sera toujours celle qui aura écarté le plus d'obstacles à leurs efforts, et la véritable liberté ne sera jamais que dans les lois du développement de cette noble partie de notre être, destinée à survivre à l'automate.

CHAPITRE V.

Du Sentiment de l'Harmonie.

L'idée de l'harmonie se retrouvant dans toutes mes recherches, il est bon de ne pas perdre de vue ce que j'entends par l'harmonie.

Il y a plus de deux mille ans que l'on parle de l'unité dans les beaux-arts sans avoir réussi à donner une idée claire de cette unité.

Un accord en musique est né de deux sons qui en produisent un troisième. Ce que j'appelle harmonie est la condition de l'unité, que nous ne connoissons que par le plaisir qu'elle nous donne : sans accord point d'unité. L'unité prodigieusement composée d'une bonne tragédie existe bien réellement ; elle aussi suppose l'accord central de tous les accords subordonnés qui composent la tragédie.

Il y a donc accord entre plusieurs unités, comme entre les premiers élémens d'unité.

L'unité dans les sentimens moraux est peu approfondie encore ; mais on ne peut nier qu'il n'y ait, comme en musique, tel sentiment à l'unisson avec tel autre sentiment, ce qui produit un troisième sentiment né de cet accord. L'approbation des hommes n'est-elle pas un des sentimens les plus doux, auquel nous faisons les plus grands sacrifices ? Et ce sentiment est-il autre chose qu'un accord de notre manière de sentir avec celle des autres hommes ?

Quand nous disons que les sentimens d'autrui nous plaisent ou nous déplaisent selon le ton où nous sommes monté, nous supposons trois choses : 1.° le sentiment d'autrui ; 2.° l'état de notre sentiment, sur lequel le sentiment d'autrui est venu agir, ce que j'appelle le *ton* où nous sommes montés ; 5.º le sentiment de plaisir ou déplaisir né de l'accord des deux autres sentimens.

La contemplation de la nature peut produire aussi un sentiment agréable, qui suppose un accord entre les sensations que le spectacle de telle nature nous fait éprouver. C'est le sentiment de cet *accord* qui nous donne le *sentiment d'unité*, exigé dans les beaux-arts, comme l'harmonie de deux notes donne le son unique, qui résulte de leur union en un tout, appelé accord.

Dans toutes les langues, le mot imagination vient d'image ; mais qu'est-ce qu'une image ? L'image est la réunion de plusieurs sensations en un sentiment unique, né de l'accord de ces sensations. Qu'est-ce qui *juge* de la bonté de l'image, si ce n'est le sentiment d'harmonie inné dans l'homme. Qu'est-ce qui produit les images, si ce n'est ce même sentiment du beau, qui groupe nos sensations en images ?

Quelle douce harmonie dans Virgile quand il dit, en parlant de la lune : *tacitæ per amica silentia lunæ.* Quel accord dans les sentimens de *silence* et *d'amour* avec *la paisible lumière de la lune !* que de grâce dans le pluriel *silentia !* Peut-on méconnoître dans ce vers des accords tous semblables à ceux que nous sentons dans la musique ? On y éprouve vivement ce sentiment d'unité, qui de tous les sentimens et de toutes les idées ne fait qu'un *tout*, une *image*.

Les idées les plus hétérogènes se réunissent dans une même image si *elles sont liées par un même sentiment*, comme dans l'ode à Valgius, lorsque Horace dit : « La tempête » ne ravage pas toujours les champs ; les ou-» ragans ne tourmentent pas sans relâche la » Mer Caspienne, les aquilons épargnent » quelquefois les chênes de Gargane ; mais » vous, vous ne cessez de pleurer, etc.

Ici le contraste entre la douleur éternelle et les maux passagers de la nature, produit un sentiment de consolation dont l'âme éprouve le besoin. Ce sentiment fait le lien de l'image.

Les passions aussi tendent à l'unité, et semblent emprunter par-là le charme des beaux-arts. Voilà pourquoi les beaux-arts aiment à les employer.

Les passions et la poésie ont de grands rapports entr'elles. L'une et l'autre ont une idée centrale (un objet) et un sentiment central lié à cet objet. L'idée centrale de l'avare c'est l'or, l'or est l'objet de ses désirs : son sentiment central c'est l'avarice. La poésie a comme la passion son unité. La poésie aussi cherche la jouissance, l'avarice veut de l'or, la vengeance demande à nuire, etc.

Le succès de la poésie comme de la passion est dans le juste rapport des sentimens avec leurs objets. Une passion heureuse est une bonne poésie réalisée, et une bonne poésie est une passion imaginaire plus ou moins heureuse. La poésie n'est point l'imitation de la belle nature. La belle nature est l'œuvre de l'imagination, que nous n'imitons pas parce qu'elle est notre création. L'imitation de la nature est le moyen et non le but des beaux-arts. Le but des beaux-arts est dans le sentiment délicieux de l'harmonie, qui range les sensations d'après les lois de son attraction particulière.

Le sentiment du beau est une espèce de sens particulier qui a deux grands résultats : il crée les beaux-arts, et il juge les beaux-arts.

CHAPITRE VI.

Coup-d'œil général sur les grands rapports qui composent l'ensemble de l'homme.

Quels sont les rapports placés dans l'organisation de l'homme, et quels sont les résultats spirituels de ces rapports?

Le premier rapport bien connu de l'homme avec les choses c'est le rapport des organes des cinq sens avec les objets extérieurs, rapport merveilleux qui rend l'homme citoyen du monde. En effet, ce sont les cinq sens qui nous mettent en rapport avec les objets de notre faculté de sentir et de connoître.

Le second rapport, moins connu, est le rapport de ces mêmes organes des cinq sens avec la vie matérielle, rapport qui nous fait discerner l'objet de nos besoins. Si la nature même n'avoit pas établi un rapport naturel et organique entre le besoin de boire, manger, aimer, et les objets de ces besoins, jamais l'homme n'auroit trouvé par lui-même les moyens conservateurs de l'individu et de l'espèce.

Le troisième rapport organique est ce qui constitue l'homme social. C'est ce rapport qui fait qu'on aime et qu'on hait, qu'on attire et qu'on repousse son semblable, c'est ce rapport qui fait la base du système social. Aimer et haïr est une opération de notre être qui n'est pas plus volontaire que de boire ou de manger. La volonté a une certaine latitude de faire ou ne pas faire, de boire ou ne pas boire, de voir ou ne pas voir, d'aimer ou pas aimer; mais sitôt que la volonté se décide, elle est forcée d'agir d'après les lois de notre être, c'est-à-dire, d'après nos rapports. Sitôt que je fixe un objet je suis forcé de le *voir* à la manière de mes yeux. Ai-je faim ou soif, je suis déterminé par mon organisation à préférer tel aliment, telle boisson à telle autre. Il en est de même de nos sentimens pour nos semblables; il ne dépend pas de moi de haïr qui m'est agréable, ou d'aimer qui me déplaît. Quand j'aime ou que je hais, je suis attiré ou repoussé par l'objet de mon amour ou de ma haine, suivant des lois que je n'ai pas faites.

Il faut donc sortir de nos idéologies et ne pas expliquer par les lois des idées, ce qui se fait par les lois de nos besoins, ou par les lois de nos sentimens moraux. Sans doute que les idées, en s'associant aux sentimens de nos besoins physiques et moraux, dirigent la volonté dans le choix qu'elle peut faire; mais quand le choix est fait la volonté ne peut agir que par les lois de son être. Je puis quitter la femme que j'aime, mais je ne puis aimer ou haïr à mon gré; je puis préférer telle boisson à une autre, mais je ne puis étancher ma soif en mangeant. La raison qui me guide est une espèce de *dégustateur* qui m'indique ce qui me convient ; mais les objets de mon choix sont toujours des objets de ma convenance, et cette convenance repose sur des lois que je n'ai pas faites.

C'est donc dans les lois fondamentales de notre être qu'il faut puiser la connoissance de nous-mêmes. Cela n'empêche pas qu'en suivant les lois de son organisation l'homme ne suive des lois toutes spirituelles. Je me détermine en conséquence de mes préférences ; mais les préférences sont des actes de mon esprit, et la *comparaison* dont résulte la préférence est une opération toute spirituelle. Mais cette opération spirituelle, dira-t-on, ne se fait qu'en vertu de mon organisation. Je réponds que je suis lié à cette organisation comme je suis lié à la lune qui frappe mes regards, au soleil dont j'éprouve la chaleur, comme je le suis à la femme qui me plaît, à l'homme aimable qui m'enchante, tout cela par les grandes lois de cause et d'effet qui constituent l'ordre et l'existence de l'univers. Mais ces lois, émanées des rapports primitifs de notre être, ce n'est pas dans les idées mais dans la nature même des choses qu'il faut les chercher.

Les quatre grands rapports organiques qui font la base de notre être une fois donnés, j'en vois sortir autant de résultats qui embrassent la totalité de l'homme.

1.° Du rapport de nos cinq sens avec les objets extérieurs, je vois sortir la perception de ces objets extérieurs, *les idées*. De la combinaison des idées résulte les *rapports*, et de la combinaison des rapports naissent dans la suite les sciences.

2.° Du rapport des objets avec les besoins de l'automate résulte le grand phénomène de de la vie de l'être mixte.

3.° Du rapport peu connu encore, qui fait que le sentiment d'un homme agit sur le sentiment d'un autre par des lois qui font la base du système social, naissent nos sentimens moraux.

4.° Enfin les sensations, nées de l'action des objets extérieurs sur les organes, trouvent dans l'imagination les lois de *l'harmonie* qui fait naître les beaux-arts. Ces lois en groupant les sensations en *images*, élèvent image sur image, par des moyens qui peut-être ont quelque analogie avec ce qui, dans le domaine de l'intelligence, constitue les rapports dont se composent les sciences.

Toutes ces opérations de notre être ont leur premier éveil dans la sensation. C'est dans le développement de la sensation qu'il faut chercher les lois dont l'ensemble compose la science de l'homme.

CHAPITRE VII.

Des puissances motrices de l'intelligence et de l'imagination. De l'unité dans les beaux-arts. Le beau moral comparé aux beaux-arts. Les arts et les sciences sont des rapports de nous aux choses.

Il y a aussi une espèce d'unité dans les idées, qu'on appelle *liaison*. Dire qu'il y a liaison entre les idées, c'est dire qu'il y a rapport entr'elles. Ce rapport constitue leur lien. Je lie l'idée de deux grandeurs en disant que l'une est *plus grande* que l'autre.

Mais il y a aussi rapport entre les rapports. Il y a un grand assemblage de rapport dans *la Création* de Hayden, comme il y en a dans le système des mondes de La-Place.

On voit que la sensation n'est pas la *pensée*, que ce que nous appelons sentiment ne l'est pas non plus. Ce qui constitue la pensée ce sont les rapports. Tout ce qui constitue notre être spirituel est rapport, ou harmonie ; l'un et l'autre né d'une comparaison.

L'esprit de l'homme élève rapport sur rapport et harmonie sur harmonie ; cet édifice tout spirituel est sa gloire et son bonheur.

Démolissez l'œuvre des beaux - arts, des sciences et des vertus, et tout rentre dans le chaos. Bannissez de la terre ces résultats bienfaisans de notre être, et le système de la civilisation tombera en ruines.

La force déployée par l'intelligence s'appelle *attention* : ses lois sont peu connues. Il est de l'instinct de l'homme de déployer l'attention dans les sentimens agréables, et de la détourner des sentimens douloureux. Il y a cependant des exceptions à cette règle, et nous voyons des hommes se complaire dans la douleur, comme par exemple dans l'idée d'une personne chérie que l'on regrette avec amertume. La raison en est qu'il y a encore du charme dans ces souvenirs.

La chimie des sentimens tend au plaisir ; mais il faut du temps pour opérer son travail mystérieux.

La connoissance intime des lois de l'attention seroit la base de l'art de l'enseignement, on entrevoit déjà quelques lois.

Par exemple , il est bien évident qu'il faut présenter à l'attention un sentiment assez agréable pour l'attirer , et pas assez pour laisser dominer la sensibilité.

Les transitions d'une idée à l'autre , et d'un sentiment à un autre sentiment ne sont pas indifférentes. L'imagination a comme l'intelligence sa force créatrice qui n'est pas l'attention mais un sentiment de *plaisir*. Ce sentiment moteur suit les lois de l'harmonie. Le premier élément de ce sentiment est dans les sens ; nous avons vu que les sentimens influent sur les sentimens comme les sons en musique influent l'un sur l'autre. L'esprit s'élève d'harmonie on harmonie : plus nos sentimens simultanés sont propres à former des accords , et plus ils sont propres à former des harmonies. Mais les accords que nous remarquons dans les sons , n'existent pas moins entre les grandes parties d'un air , qu'entre les sons qui composent de simples accords. Une bonne tragédie aussi forme un grand accord composé d'un grand nombre d'accords subordonnés. Mais l'âme , qui produit tous ces accords , comment et par quels principes est-elle guidée dans sa marche ? Je répond que c'est par le sentiment du plaisir qu'elle éprouve à suivre la sublime marche de l'harmonie.

L'attention et le plaisir sont donc les deux puissances créatrices de notre être spirituel ; la première émanée de l'intelligence développe les rapports entre les idées ; la seconde, émanée de l'imagination, suit les lois de *l'harmonie*. Ces deux puissances ont des rapports intimes entr'elles. Souvent un sentiment agréable soutient l'attention que l'artiste donne aux rapports matériels de l'art, et guide l'imagination dans la route de l'harmonie, mais c'est surtout dans les sentimens moraux que la réunion des deux puissances est évidente.

Pour bien agir il faut sentir juste et penser juste. Sans la réunion du cœur et de l'esprit il n'y aura jamais de vertu vraiment active et vraiment bienfaisante.

L'harmonie, qui fait l'âme de nos sentimens moraux et celle des beaux-arts, se compose d'un sentiment agréable né de l'accord de deux sentimens. Dans le monde social l'accord du sentiment d'autrui avec notre manière de sentir, produit un troisième sentiment. Dans les beaux-arts l'harmonie naît de l'accord de deux ou de plusieurs sensations individuelles, comme cela est évident dans la musique et dans la sculpture, où cet accord des parties entr'elles se nomme proportion.

Dans la peinture ce sont encore les proportions, mêlées avec l'harmonie des couleurs et du clair obscur, etc., qui constituent l'unité. L'unité, sans laquelle aucune œuvre de l'art ne peut être belle, cette unité n'est encore que l'*harmonie* qui résulte de l'accord universel de toutes les parties.

Une chose est *une*, lorsque les rapports des parties qui la composent vont rayonner dans une même harmonie.

En beaux-arts les objets individuels sont comme les lettres d'un livre, ou comme les notes d'un air, sans aucun sens lorsqu'on les isole : leur véritable sens se trouve en dehors d'elles placés dans les rapports peu éclaircis dont se compose l'*unité*.

L'*imitation de la nature* n'est par le *but* des beaux-arts : elle n'en est que le moyen. Si l'imitation étoit le but des beaux-arts il en résulteroit, que le plus beau tableau seroit un miroir, que la plus belle musique seroit un écho, et la plus belle statue un homme en cire peinte. Le *beau* vient de l'âme de l'artiste; il est la création du sens placé dans les régions de la sensibilité qui a ses lois et ses rapports. Ce sens tantôt domine et tantôt est dominé par les autres puissances de l'âme. Il emploie les sensations plutôt que les idées ou les sentimens ; il compose et ne décompose pas. L'âme de ce sens, c'est le sentiment de l'harmonie , qui place et déplace les sensations d'après les lois de son être. Cette faculté de créer et de sentir le beau avance ou rétrograde selon les rapports qui influent sur elle. On voit bien ce qui entrave son développement, mais qui a jamais vu les limites de sa puissance ?

La différence entre le beau moral et le beau dans les arts consiste d'abord dans la différence entre les élémens de ces deux harmonies , le beau moral se composant de *sentimens moraux* , et le beau des arts de *sensations*. Je veux dire que, dans le beau moral, les sentimens dominent les sensations, et que, dans les beaux arts, les sensations dominent les sentimens. L'homme moral *sent* vivement la belle action de Regulus retournant à Carthage pour y mourir dans les supplices. Le peintre ou le poète *sent* et *exprime* les traits de Regulus, il fait voir sa personne, sa famille éplorée, il peint l'admiration de la foule qui le suit jusqu'au navire, destiné à le porter au lieu des plus cruels supplices. L'homme sensible et moral n'avoit fait que *sentir* le sort de Regulus : que fait de plus l'artiste ! il *trans-*

forme le sentiment en sensation en faisant *voir* ce que l'on doit sentir. Qu'eut fait de plus l'homme qui *pense* et *réfléchit*, il eut *généralisé* ses sensations, il en eut tiré des *conséquences*, il nous auroit dit peut-être : que c'est chez les nations vraiment libres que que se forment les grandes âmes.

L'homme *moral* sent la beauté morale d'une action, l'artiste la *voit*, et l'exprime telle que le sentiment du beau la lui fait voir : l'homme qui pense la *voit dans ses principes et dans ses conséquences.*

Une autre différence entre l'harmonie du beau moral et celle des beaux arts, c'est que le beau moral porte les hommes à l'action, tandis que les beaux arts sont plus spéculatifs que la morale.

La raison en est simple : dans la morale ce sont les sentimens qui dominent ; or, les sentimens portent toujours plus ou moins à l'action, tandis que là où la sensation domine il y a pour ainsi dire équilibre entre l'idée et le sentiment, toujours réunis dans la sensation.

Il ne faut pas oublier que là où les sentimens dominent on voit naître les *passions*, tandis que les beaux arts par leur nature un peu contemplative retardent ou arrêtent leurs explosions. Les beaux arts, en rendant contemplatif l'homme sentant, l'arrêtent par la pensée.

Enfin les beaux arts sont la transition naturelle de la passion à la pensée et à la morale, et l'homme qui prétend dompter les passions d'autrui par la sévérité de la règle (1) et l'empire de la raison, y réussit moins souvent que l'artiste, qui par un sentiment d'harmonie prépare l'ame à la contemplation.

De là vient que nous voyons dans l'histoire les beaux arts précéder les sciences, sans lesquelles il n'y a ni lumières, ni par conséquent de morale. Le premier pas que l'homme fait, lorsqu'il veut vaincre ses passions, n'est-il pas de *réfléchir* à ce qu'il va faire? Mais le commencement de toute réflexion c'est de *voir hors de nous* ce que nous portons dans nous

---

(1) La morale se compose de sentimens et de raisonnemens, or il y a de mauvais sentimens et de sots raisonnemens plus qu'il n'y en a de bons. La morale a donc tous les écueils des sentimens haineux ou exagérés et tous ceux des faux raisonnemens à éviter. Les beaux arts au contraire ne raisonnent pas; ils imitent le beau, né dans les profondeurs de l'âme, et forment à l'homme un tempéramment moitié sensible et moitié contemplatif qui dispose au bien.

même. L'homme qui réfléchit se voit passer tel qu'il est, ce que ne fait pas l'homme passionné. Or, ce sont les beaux arts qui, en transformant nos sentimens en sensations, nous font voir au dehors de nous tels que nous nous sentons au dedans. Sans doute que ce premier pas vers le bien n'est encore qu'un pas, mais ce pas est déjà un acheminement vers la raison , tandis que la fausse morale n'en est que la déviation.

Tout est rapport chez l'homme ; la morale se fonde sur la connoissance des rapports entre les sentimens moraux; les beaux arts supposent la connoissance des rapports entre les *sensations* , et les sciences se composent de rapports entre les *idées*.

On voit, que plus on pénètre dans la nature intime de l'homme, plus son être se spiritualise, puisque tout y est rapport. N'y a-t-il pas des mystères par tout ? La puissance du levier est elle dans le fer ou dans le bois ? non. Où est-elle ? Je n'en sais rien. Gardons-nous de prononcer sur ce qui est hors de la portée de notre entendement , et humilions - nous dans notre ignorance trop souvent présomptueuse.

Il y a des idées affligeantes autant que fausses que l'on voit courir le monde comme tant d'autres préjugés. Que de gens voient, dans tout ce qui existe de grand dans les arts, les sciences et les lois , un point de jeunesse et de départ irrévocablement suivi d'un point de maturité et de décadence. Ces images, prises dans notre propre nature individuelle pauvrement conçue , on les applique sans examen à tout ce qui est grand. Je vois dans l'histoire naître et mourir les beaux-arts et les sciences, mais je ne vois dans la nature intime des beaux-arts et des sciences aucune cause de mort naturelle. Le champ des sciences est grand, peut-être infini comme la nature. Je vois souvent l'homme quitter la pensée , mais je n'ai point encore vu la pensée finir pour l'homme. L'homme qui pense le plus, celui qui voit de plus loin sera précisément celui qui dira le mieux tout ce qui manque à la science ou à l'art qu'il cultive ; mais nous prêtons trop souvent notre petite mesure aux choses sans connoître la mesure réelle de rien. Une nation avilie avilira les arts et les sciences, parce que l'artiste et le penseur avili ne sentiront plus la nature comme il est de leur être de la voir et de la sentir. On a vu les arts et les sciences se flétrir dans l'air empesté des gouvernemens malfaisans. Il faut le calme de l'âme ,

quelque bonheur et surtout quelque liberté ,
pour éprouver ce mouvement d'harmonie qui
nous élève aux régions des beaux arts et des
sciences. Mais parce que l'homme s'arrête dans
sa carrière, est-ce une preuve qu'il est au bout
de sa carrière ? Raphaël ou Newton eussent-
ils dit : il n'y a plus rien de nouveau à sentir
ou à penser.

Il en est de la législation comme des beaux-
arts. Je vois par tout naître et finir (quelquefois dans la journée) l'œuvre fragile de l'homme.
Mais il y a une législation invisible, impéris-
sable , placée dans l'ensemble et la marche de
tous les rapports, et dans le développement
de toutes choses laquelle ne périt point. Ce
que l'homme a fait, dure en raison de la convenance ou disconvenance de son œuvre avec
cette grande constitution sociale des êtres.
Tout ce qui est en rapport avec cette marche
universelle durera en raison de ces rapports.
En réalité tout n'est que transformation, et
il n'y a pas plus de mort en morale ou en
politique qu'il n'y en a dans la matière. Nous
avons vu périr dans l'histoire cinq ou six gouvernemens réguliers. Cette foible expérience
nous autorise-t-elle à décider qu'il n'y a en
législation que des rapports périssables par leur

nature (1) : Là où finissent nos conceptions, là finit le monde pour tous les hommes qui n'ont pas senti cet espèce d'infini où la pensée aime à se mouvoir.

Le beau et le vrai sont les intarissables sources des arts, des sciences et des vertus : elles existeront autant que l'homme. Tant qu'elles seront là, il n'y aura point de *mort naturelle*, ni pour les arts, ni pour les sciences, ni pour les gouvernemens. On n'est que trop porté à croire que là où nous quittons les choses ce sont les choses qui nous quittent.

Le vrai, le bon et le beau sont des rapports de nous aux objets extérieurs. Tant qu'il y aura

____

(1) En législation les rapports supposent deux choses, ils supposent les lois et les objets relatifs à ces lois. Ces rapports sont donc altérés lorsque la loi n'est plus la même, ou lorsque les objets, auxquels la loi s'applique, ne sont plus les mêmes. Ce principe incontestable nous fait voir, qu'un même code de lois peut changer de nature sans qu'aucune loi soit changée; ce cas arrive toutes les fois que l'objet de la loi n'est plus le même. Les lois, considérées comme *rapports*, ne peuvent être inaltérables qu'autant qu'elles cheminent avec l'ordre des choses dont elles sont les rapports. Si Pierre doit toujours être plus grand que Jaques, il faut que lorsque Jaques grandit, Pierre grandisse d'autant, ce que malheureusement Pierre ne fait pas toujours.

des hommes et des choses , il y aura vérité , vertu et beauté, toujours en rapport avec notre manière d'être originelle ou factice.

CHAPITRE VIII.

Recherches sur les opérations de l'âme produites par les idées. Naissances des sciences. Elles travaillent sur les idées associées qu'elles trouvent dans l'âme. De l'évidence des idées , et de l'évidence des sentimens.

Après avoir ébauché l'histoire du premier élément de la sensation , je veux dire le sentiment , nous allons entreprendre l'histoire du second élément de la sensation qui sont les idées.

Nous avons vu que la sensation étoit composée d'une idée et d'un sentiment. Les idées naissent donc dans la sensation.

Nous avons vu l'imagination , c'est-à-dire , la sensibilité dominer les idées , et c'est cependant à l'imagination même que les idées doivent cette seconde vie qu'elles reçoivent de la réflexion , c'est-à-dire de l'intelligence. Comment la réflexion vient-elle à naître de l'imagination ?

L'intensité des idées nous la devons au sentiment ; l'association des idées, nous la devons
encore au sentiment. Mais le sentiment vient-
il à s'affoiblir, les idées de préférence et
même l'association des idées s'affoiblissent. Ce
sont le plus souvent les souvenirs que nous
laissent les passions malheureuses, qui sont la
source de nos premières réflexions ; elles deviennent ensuite la source de pensées plus
profondes, et sont par conséquent l'origine
des sciences morales qui mènent à la connoissance de l'homme.

Que de réflexions ne voit-on pas naître de
l'ambition déçue ou d'un amour malheureux !
Les idées passionnées associées par la passion,
se présentent long-temps encore à nos regards
désenchantés ; mais au lieu de nous charmer
comme elles le faisoient au temps du sentiment agréable qui leur avoit donné naissance,
elles ne sont plus qu'une source de réflexions
souvent douloureuses. Telle est souvent l'origine ou l'occasion de nos réflexions morales.
Quand le joueur eut perdu son argent il se
fit lire Sénèque.

Les sciences physiques qui traitent des objets
extérieurs sont nées du sentiment de nos besoins. L'astronomie est née de la nécessité de

s'orienter en mer ou dans les déserts, ou bien du désir de connoître les saisons et les heures. Tous les arts sont nés du besoin de se nourrir, de se vêtir, de se loger et de se défendre, mais ces besoins sont plutôt l'occasion que la source des sciences. Ces besoins, en éveillant et en animant les idées, ne font encore que placer dans la profondeur de l'âme le germe des sciences. Ce germe où est-il? et quel est le principe moteur qui élève l'homme aux hautes régions spéculatives.

On ne peut, sans nier tous les faits, nier l'existence de deux principes d'activité chez l'homme, et celle de deux organes distincts, l'un matériel et l'autre spirituel.

J'appelle organe tout ce qui a un centre d'activité, d'où émanent les modifications que cet organe éprouve. On peut dans ce sens appeler l'âme un organe. L'âme porte en elle-même le principe de ses modifications ; c'est à elle qu'il faut attribuer le sentiment et la pensée, c'est d'elle encore qu'émanent les lois de son être tout spirituel. Mais, dira-t-on, ce sont les nerfs qui la font sentir. Cela empêche-t-il que le sentiment ne soit en elle, cela empêche-t-il que ce ne soit l'âme même qui décide de ce qui lui plait ou déplait et que ce ne soit elle qui se détermine en vertu de ses préférences.

Quelle étrange philosophie que celle qui confond les êtres parce qu'ils sont en rapport l'un avec l'autre ! c'est là cependant la doctrine des hommes qui disent que l'âme est matérielle, parce qu'elle est affectée, modifiée par la matière.

Tout dans l'univers n'est-il pas rapport, liaison, ordre ? Et par ce que nous voyons des phénomènes se succéder régulièrement, et composer la chaîne des êtres, est-ce une raison de confondre ces êtres.

La sensation est le point de contact de l'âme et de l'automate. Tout ce qui est mouvement ne peut être attribué qu'à l'organe matériel, mais l'effet du mouvement nerveux sur l'âme, je veux dire le *sentiment*, produit un ordre de modification et une classe d'effets qui suivent des lois toutes spirituelles. L'idée aussi a ses rapports avec la partie sentante placée dans la sensation, et c'est par cette partie sentante qu'elle exerce une réaction sur l'organe matériel.

Cette union mystérieuse de l'âme et du corps n'est que l'action des deux organes nerveux et spirituels l'un sur l'autre, et cette action n'est ni plus ni moins mystérieuse que toute action efficiente de quelque cause que ce soit. En sais-je plus sur la transmission du mouvement d'un corps dans un autre, que je ne sais de l'action de l'âme sur le corps et du corps sur l'âme ? Qu'est-ce qui constitue l'unité d'un organe si ce n'est l'unité d'action de cet organe, d'après des lois particulières de cet organe, et cette unité je la retrouve dans l'âme d'une part, et je la retrouve dans l'automate de l'autre.

Le *plaisir* et la *douleur* avec toutes leurs combinaisons émanent de l'ame ; et le vulgaire même sait que c'est lui qui a du plaisir ou de la douleur, et que ce n'est pas le nerf qui s'afflige ou se réjouit. Ce que nous appelons sentiment est toujours composé d'un double phénomène , d'un mouvement nerveux et d'une modification correspondante de l'âme appelée *sentiment*. Si nous pouvions voir naître un sentiment, nous verrions toujours quelque mouvement dans le système nerveux , et une modification correspondante dans l'âme. Chacun de ces phénomènes resteroit fidèle aux lois particulières de son organe : nous verrions le sentiment suivre des lois spirituelles et le mouvement nerveux suivre les lois de son organe.

L'homme qui a si souvent un sentiment de dépendance là où il pourroit ne pas l'avoir, se forme aussi des sentimens d'indépendance tout-à-fait illusoire. De ce nombre est l'idée d'une inpépendance de sa pensée qui la supposeroit assujettie à aucune lois.

La pensée ne dépend pas plus de nous que le sentiment, l'une et l'autre suivent des lois que nous n'avons pas faites, et la volonté aussi a ses lois. Si nous ne voyons pas ces lois intuitivement et à priori, nous voyons par l'expérience qu'il y a des limites à cette volonté que l'homme ne dépasse jamais.

L'ame a donc ses lois particulières, elle a un centre d'activité, elle a un moi, elle est obligée de sentir comme de penser d'après les lois de son être spirituel toujours en harmonie avec l'automate. Elle porte en elle un principe d'activité croissante : deux pensées comparées ensemble en produisent une troisième, et tant qu'il y aura des pensées, il y aura des rapports de pensées et des pensées de pensées non à l'infini mais à l'indéfini, je veux dire que, sans croire qu'il y ait un développement infini, on ose affirmer que tout ce que nous voyons en perfections intellectuelles n'a pas atteint les dernières limites.

Voici où j'en veux venir. Le principe de la pensée naît dans la profondeur de l'âme, ce principe appartient à l'âme même, quoiqu'en rapport avec l'organe matériel, et le principe sentant appartient aussi à l'âme quoiqu'aussi en rapport avec cet organe.

Le premier éveil de la pensée profonde suppose des idées vivifiées par l'imagination, c'est à l'imagination à fournir ces idées vives et animées, c'est elle encore qui fournit une suite d'idées associées qui, par leur rapprochement, donnent lieu à des comparaisons et à des rapports.

Il y auroit des recherches à faire sur la différence qu'il y a entre l'analyse des idées morales, et l'analyse des idées dont se compose la connoissance des corps. En maniant les idées morales on sent quelquefois qu'une analyse rigoureuse, au lieu de répandre le jour sur ces idées, les obscurcit. C'est qu'à mesure que l'attention s'empare de ces idées mélangées de sentiment, tout ce qui est sentiment disparoît dans la décomposition comme faisoient jadis les gaz dans l'alchimie, et le composé s'attire au lieu de s'éclaircir.

On a souvent occasion de remarquer que de profonds penseurs en physique sont nuls ou

absurdes dans toutes les recherches qui supposent la connoissance de l'homme sentimental;
ces hommes veulent tout expliquer par les
idées, tandis que tout ce qui tient au monde
moral est influencé ou dirigé par le sentiment.
Tout ce qui tient à l'homme actif, sentant
et social est encore une terre presqu'inconnue
à la psychologie et inaccessible à une bonne
moitié des hommes exercés dans les sciences
exactes. Je ne connois que Leibnitz qui ait
eu une aptitude particulière pour ces deux
genres d'études.

Tachons d'abord d'établir la différence qu'il y
a entre l'évidence morale et l'évidence logique.

L'évidence logique qui est le dernier terme
des sciences exactes est fondée sur le sentiment
de l'identité de deux idées. Dans les raisonnemens moraux que nous faisons on éprouve aussi
un sentiment d'évidence ; mais cette évidence
placée dans l'identité de deux sentimens, n'est
point l'evidence qui naît de l'identité de deux
idées. Rien n'est plus variable que notre manière de sentir une même chose , puisqu'un
même sujet peut occasionner mille sentimens
divers. On peut donc raisonner juste en morale sur les sentimens qu'on éprouve , et n'être
point compris par les hommes qui ne font

que penser, tout comme on peut penser juste sur les idées qu'on a sans être compris par les personnes qui ne font que sentir. On a fortement senti la nécessité de bien connoître les idées; on devroit s'appliquer à aussi connoître mieux tout ce qui tient au sentiment, afin de perfectionner cette partie si peu connue de notre être. La véritable analyse morale supposeroit l'analyse de nos sentimens. Presque tous les sentimens que les sentimens d'autrui nous font éprouver, sont des composés de plusieurs sentimens. On devroit chercher de quels sentimens ce mélange est composé, afin d'arriver comme en chimie à quelque élément simple. Puis il faudroit surtout étendre et perfectionner le langage de la sensibilité.

Qui n'a pas eu occasion de voir que les savans de profession sont quelquefois deux hommes tout-à-fait différens, l'un sourd dans ce qu'on appelle le monde, et l'autre supérieur à la tourbe vulgaire, dans tout ce qui tient à sa science. La raison en est que ces hommes toujours concentrés dans les *idées* sont d'une espèce différente des hommes toujours mus par des *sentimens*. De là la guerre ridicule entre les hommes à raison et les hommes sentans, guerre interminable puis-

que la raison n'est vraiment raisonnable, que
lorsqu'elle est en harmonie et non en dissonance avec l'autre moitié de notre être, je
veux dire nos sentiments, et que nul sentiment ne peut être connu ni compris par qui
n'a que des idées.

Pour en revenir à l'analyse des idées morales, je dirai que la certitude qui en résulte
ne sera jamais rigoureuse, mais seulement
approximative et par conséquent suffisante pour
l'usage de la vie. Elle sera comme la qua-
drature du cercle, impossible à trouver rigoureusement, mais d'un approche de plus en
plus facile, en raison de la connoissance qu'on
acquerra de l'homme sentant et pensant.

CHAPITRE IX.

Sur l'Art de s'observer soi-même.

Ce qui manque à la morale pour atteindre
à la certitude des sciences expérimentales
(comme la physique par exemple) c'est l'art
d'observer avec plus de méthode que ne font
les hommes du monde, qui trouvent quelquefois de bonnes pensées isolées, mais liées
à aucun principe.

Pour donner de la solidité aux observa-

tions faites dans la société, il faudroit les rattacher à quelque principe psychologique. On a
beaucoup écrit sur l'art d'observer ; mais il
semble que l'on n'ait pensé qu'à l'art d'observer en physique ou en histoire naturelle et
non en morale.

On pense si peu à la connoissance de l'homme
qu'on n'a parlé de l'entreprise de se connoître
que pour déplorer la difficulté d'y réussir.
*Observer, c'est lier un fait individuel avec
un principe* ou du moins avec un fait un
peu généralisé ou qu'on cherche à rendre tel :
Toute observation tend à cela. Si l'on avoit
quelque principe bien vu en psychologie,
l'art de s'observer feroit de grands progrès,
puisque les faits seroient nombreux, faciles à
varier et à répéter, soit chez les autres, soit
dans soi-même. Cet art répandroit une source
intarissable d'intérêt sur la vie.

Il semble que la première condition pour
bien s'observer soi-même, c'est de faire
prendre à son esprit une attitude qu'on a
bien exprimée lorsqu'on a dit : que l'esprit se
replioit sur lui-même. Il faut surtout s'observer lorsqu'on est ému et s'attacher à la recherche de ses sentimens plutôt qu'à celle
de ses idées. Les personnes accoutumées à

suivre leurs idées , comme par exemple les mathématiciens , semblent perdre la faculté d'observer leurs sentimens ; ils ne voient que la partie lumineuse de leur être , je veux dire leurs *idées*. Pour connoître les sentimens qu'on éprouve il faut s'accoutumer à voir pour ainsi dire dans les ténèbres. Les personnes sensibles, peu exercées aux sciences, apprendroient mieux à étudier leurs propres sentimens que les savans plus occupés d'idées que de sentimens , si ces personnes pouvoient se donner quelques connoissances en psychologie.

Une manière de s'observer assez facile est de laisser aller ses idées lorsqu'on éprouve quelqu'émotion ; on peut par ce moyen connoître par les idées, qui se présentent, le sentiment qu'on éprouve, ou bien, un sentiment étant connu , on peut l'étudier dans les idées qu'il fait naître. Êtes-vous blessé dans votre amour-propre, vos pensées joueront un drame où la personne, qui vous a fait mal, sera bien humiliée. Avez-vous un sentiment d'amour ? Que de douces pensées s'emparent de votre ame , que de romans passent devant vous. J'aime à m'occuper de richesses, j'en conclus que j'ai un sentiment d'avarice, j'ai un penchant à médire de l'homme riche ou puissant, et je

conclus que j'en suis envieux. Je viens à découvrir deux passions chez moi ; voyons comment elles agiront l'une sur l'autre.

De pareilles observations faites sur soi-même
auroient une grande influence sur notre bonheur. L'habitude de reconnoître , à chaque
mouvement d'idée , le sentiment qui le produit apprendroit à combattre les sentimens
pénibles , qui trop souvent font le malheur
de la vie. Que de personnes tourmentées par
les regrets inutiles d'avoir pris ou de n'avoir
pas pris tel ou tel parti dans la vie! Que
de gens malheureux cesseroient de l'être s'ils
avoient appris à chasser des souvenirs fâcheux
devenus inutiles et sans but ! C'est le tourment
des hommes , qui n'ont jamais appris par l'é-
tude à commander à leurs pensées , de ne
pouvoir se défaire de cette sorte de souvenirs
inutiles , qui ne sont là que pour donner du
tourment ou de l'ennui à soi ou aux autres.

CHAPITRE X.

*Sur la crainte de la mort. Fausses idées
qu'on se fait de la vieillesse.*

Rien de plus important, ce me semble, que
d'établir une bonne police dans les idées qui

veulent nous dominer. Quand je sens fourmiller chez moi de désolantes et inutiles pensées
je me précipite sur elles comme sur des vi-
pères : Suis-je assis je me lève et médite sur
le prix de la vie , et sur la lâcheté qu'il y a
de se laisser dominer par les pensées oiseuses
qui viennent m'assaillir.

Ai-je fait des pertes d'argent , je me fais
une idée claire de ce qui me reste. J'aime
alors à réciter quelque ode d'Horace sur le
mépris des richesses et sur le bonheur de vivre
de peu. S'il en vaut la peine je cherche à ré-
parer ces pertes, sans avoir besoin de m'en
consoler.

Ai-je fait des pertes plus sensibles ? ai-je
perdu l'ami que la nature et le cœur m'avoient
donnés ? Je redouble d'activité dans mes tra-
vaux ; je tâche d'aimer mieux ce que je dois
aimer toujours.

Quelquefois, sous le ciel étoilé, j'élève mes
regards vers ces points brillans , où l'immensité de l'espace m'annonce l'étendue et la
richesse de cet avenir , qu'aucune pensée ne
peut épuiser. L'atome brut, me dis-je, auroit
une destinée immortelle et l'atome pensant ne
l'auroit pas ! Si chaque élément de matière
trouve enfin son affinité, comment ce qui est

en affinité avec mon ame, en seroit-il séparé pour toujours?

Il n'y a pas d'homme que la crainte de la mort n'ait saisi quelquefois. Alors, loin de fuir cette pensée, je m'en empare. J'ai composé plusieurs ouvrages sur ce sujet, dont l'un fait dans ma jeunesse à la mort de mon père avoit pour épigraphe ces mots de Pétrarque : *Che altro ch'un breve sospir è morte.* J'ai cherché de me faire à moi-même une idée de ce grand phénomène. Je m'en suis occupé assez fortement pour éprouver une véritable jouissance en pensant que j'ai dompté la terreur qu'inspire ce fantôme. J'aime à sentir l'étendue des conquêtes que l'homme peut faire dans le domaine de sa pensée : alors mon courage s'éveille.

Rien ne désole et ne flétrit la vie, me dis-je, comme la crainte de la mort. La mort se présente à l'homme sous mille formes variées. Que de gens la portent dans la vie même, en se disant : il ne vaut plus la peine d'entreprendre telle étude, tel travail, parce que je suis trop vieux pour l'achever. Comme si l'on achevoit jamais quelque chose, comme si la vie entière étoit autre chose qu'espérance, projet, activité, confiance en l'avenir et courage dans le présent.

Que penser du soldat qui refuseroit de marcher parce qu'il n'auroit pas confiance en la victoire. Que me fait l'espace grand ou petit qui me sépare de la mort ? Tant qu'elle ne me touche pas elle n'est rien. Ai-je confiance en elle pourquoi la craindre ? En ai-je peur pourquoi l'appeler prématurément sur le terrein de la vie, en lui livrant mes espérances et mes projets ?

Je place au nombre des pensées inutiles toutes celles sur la brièveté de la vie, qui ne sont en réalité que la crainte déguisée de l'avenir. Il faut prendre la destinée humaine dans son superbe ensemble, et dans toute sa grandeur. Il faut avoir confiance dans l'avenir, et se plaire dans le nuage où la vie est suspendue. Ce que je crois connoître n'est pas toujours assez consolant pour ne pas aimer à me dire : je ne connois la réalité de rien. Je sens de partout une puissance invisible qui me porte et m'entraîne, et, si l'ignorance où je suis de ma destinée ne me permet pas de voir distinctement au-là de cette vie, cette même ignorance me défend du moins de me livrer à de vaines terreurs.

Le courage si précieux de l'esprit nous inspire ce noble sentiment de confiance qui nous fait envisager du même œil toutes les époques de la vie , et la mort même qui en fait partie. J'attends tout de ce grand révélateur de la destinée humaine, la mort, et j'espère tout de cette Suprême Intelligence, qu'aucune théologie ni aucune métaphysique ne sauroit dérober à ma foi.

Mais ce courage si nécessaire nous manque presque toujours dans la saison extrême de la vie qui n'a plus de prix que celui que nous savons lui donner.

Il est bien mérité le mépris secret qu'on porte à la vieillesse ; nul âge n'a de plus lâches maximes.

Le corps est foible, et au lieu de le relever par la tempérance et l'oubli des vains soucis de la vie, vous vous laissez dominer par toutes les habitudes et tous les embarras qui ne conviennent plus à votre âge. Au lieu de combattre la foiblesse, vous vous faites presque un devoir de la lâcheté , que vous appelez repos : Vous vous créez des peines, des soucis et des vaines terreurs pour augmenter vos tourmens. Vous ignorez ce que valent l'activité et le courage pour la santé du corps et de l'esprit.

Mais ce courage de l'esprit où le trouver, vous tous qui n'avez jamais exercé votre ame par la lutte , je dirois presque la gymnastique de la pensée.

A quoi vous sert l'éducation que vous avez reçue, si, dans la paresse de l'âge mûr, vous en avez laissé mourir les fruits ! Vous ne savez donc pas que les forces intellectuelles vont grandissant par l'usage qu'on en fait, tandis que celles du corps déclinent avec lui : vous ignorez que l'homme affoibli dans son corps par les ans, sait dominer encore le présent et l'avenir par l'énergie de cette ame qui marche à l'immortalité.

Le vice et la sottise pullullent spontanément chez l'homme, tandis que les fruits de la pensée meurent faute de travail, de méthode et d'exercice de sa volonté. Avez-vous, au temps de vos forces, laissé votre ame en friche, la vieillesse ne vous donnera qu'une moisson de ronces et d'épines.

Si la nature vous avoit donné un corps périssable est une ame immortelle, vous verriez, après le premier éveil de l'esprit, le corps se courber vers la terre, tandis que l'âme s'élèveroit de plus en plus vers ses hautes destinées. Avez-vous scu conserver la pensée, vous la verrez croître avec l'âge, et remplacer peu-à-peu les forces que les ans vous ont ôtées.

La vieillesse est le résultat, je dirois presque le bilan, de la vie passée. Elle est ce que vous l'avez faite , bonne ou mauvaise comme vous l'avez voulue. Rien de plus vrai que ce que dit Salluste : *Dux atque imperator vitæ mortalium animus est.* C'est la pensée , c'est le moi, c'est ma volonté, et non le hasard qui donnent du prix à la vie.

Faut-il s'étonner que l'homme , affoibli par les ans et plus encore par de fausses maximes, soit le jouet de tout ce qui a quelque intérêt à s'emparer de lui. On lui exagère ses foiblesses pour lui vendre plus cher les bequilles qu'on lui offre ; on épouvante une ame timide pour avoir droit de la dominer.

Nous parlons de Dieu comme du créateur du ciel et de la terre , nous l'adorons comme tout-puissant , incompréhensible , et ce Dieu de l'univers , que nous entourons de tant de respect, d'autres le défigurent en l'accoutrant de leurs ineptes systèmes.

Ce sont les fausses , je dirois presque les puériles idées de Dieu qui ont créé l'athéisme. Il faut un élan de l'âme , et un grand mépris des absurdités humaines , pour atteindre à la hauteur de ce principe consolateur de puissance et de bonté , qui fait l'appui et la force de l'homme, comme il est l'appui de l'univers.

Dieu , toujours voilé dans son être , ne m'est

connu que par l'idée de la nécessité qu'il y a qu'il existe. Moins je conçois ce qu'il est en lui-même, et plus je sens que celui que j'adore sans le comprendre est bien cette suprême Intelligence sans laquelle l'idée de tout ce qui existe seroit chancelante et vaine. Tout l'univers proclame sa puissance, et il n'y a de véritable athée que l'homme qui, en défigurant ces conceptions sublimes, porte enfin le doute sur la première et la plus consolante des vérités.

CHAPITRE XI.

Quel rôle les idées jouent dans les sentimens moraux. Résultats de l'union de l'idée avec le sentiment.

Je reviens encore à l'idée de sentiment pour éclaircir mieux ce que j'entends par sentimens moraux.

J'ai fait voir qu'il y avoit plusieurs agens capables de produire des modifications dans l'organe de la sensibilité, mais qu'il n'y avoit qu'un organe nerveux, et par conséquent qu'une grande source de sensibilité.

Les organes des cinq sens ne sont que des rameaux du grand tronc nerveux, mais comme c'est dans les cinq sens qu'est placé le premier contact de l'âme et des objets extérieurs , on est obligé de faire des cinq sens une classe à part.

Les cinq sens sont la source de nos sensations toujours composées d'une idée et d'un sentiment Voyons quel est le caractère distinctif de l'idée.

Le caractère de *l'idée* , toujours née dans les cinq sens , est 1.º de représenter un objet extérieur en le plaçant dans le temps et l'espace ; 2.º d'être *en elle - même* parfaitement indifférente , quoique toujours accompagnée d'un sentiment né avec elle dans la sensation ; 3.º de produire des rapports , tandis que le sentiment ne produit que des préférences ; 4.º les idées n'ont aucune liaison immédiate avec la faculté d'*exécuter* la volonté qui me paroît dépendre de la sensibilité ; 5.º l'idée suit les lois de l'intelligence tandis que le sentiment ne suit que les lois de l'imagination. Ces deux facultés (celle de sentir et celle de penser) sont tour-à-tour dominées l'une par l'autre ; 6.º l'idée est soumise à la force appelée *attention* émanée de l'intelligence capable de la soustraire à l'empire de la sensibilité. Cette même force d'attention qui tend à diminuer on à détruire l'action du sentiment sur les idées, peut dans certain cas, renforcer le sentiment de manière que lorsqu'il y a opposition entre les facultés de sentir et de penser, *l'attention* est la main qui fait hausser ou baisser l'un ou l'autre bassin de la balance. Mais, comme la sensibilité et l'intelligence exercent des forces incalculables, leurs rapports peu connus, sont souvent exagérés par les différens systèmes de philosophie, les uns donnant trop de puissance à la raison, et les autres trop à la sensibilité.

La conscience de sa pensée et du moi appartient exclusivement à l'idée et ne se trouvent jamais dans le sentiment qui, plus il est vif plus il s'ignore. Revenons aux organes des cinq sens.

Le phénomène de la sensation nous apprend que les cinq sens sont construits de manière à nous donner toujours à la fois une idée et un sentiment. C'est dans cette union de la faculté de sentir et de penser qu'il faut chercher l'explication des plus grands phénomènes de notre être. Tâchons d'indiquer ces phénomènes.

Premièrement, cette union née dans la sensation est cause que chaque sentiment a son *idée* de *préférence* et son intensité, c'est-à-dire que c'est dans cette union de l'idée et du sentiment, placée dans l'organe de la sensation, qu'il faut chercher peut-être la cause première des phénomènes de l'imagination.

Sans cette construction de l'organe, qui unit toujours une idée avec un sentiment, comment l'homme qui a soif sauroit-il que c'est l'eau qu'il *voit* ou le fruit dont il éprouve le *parfum*, qui peuvent le désaltérer? 4.° Dans cette union d'un objet avec un sentiment, réside le mystère de *l'instinct* qui fait que l'animal trouve toujours précisément ce qui lui convient. L'instinct de l'homme ne diffère de celui de l'animal qu'en ce que chez l'homme la sensibilité détermine un grand appareil d'idées, tandis que chez l'animal le fil de la sensibilité, au lieu d'être attaché à un composé, prodigieusement compliqué de pensées, de sentimens et de principes ne l'est qu'à une sensation simple ou peu composée (1).

---

(1) Il faut ici prévenir les objections. L'homme peut se déterminer par un principe et n'agir que par son sentiment, et voici comment. En raisonnant sur le bien et sur le mal nous combinons, non seulement des idées, mais des sentimens attachés à ces idées, et nous les combinons jusqu'à ce que quelque sentiment se trouve enfin d'accord avec nos principes. Alors la vo-

Comment l'homme pourroit-il savoir ce qu'il doit préférer parmi les objets extérieurs, s'il n'étoit pas guidé par le sentiment ? Dira-t-on que l'homme apprend à priori, que le pain est une nourriture qui lui convient, lui qui ne sait pas ce que c'est que la nutrition.

Continuons la recherche des phénomènes nés de l'union de l'idée avec le sentiment.

5.° C'est dans *l'union* de l'idée avec le sentiment, et par le sentiment à tout le système nerveux, qu'il faut chercher l'influence de l'âme sur la santé, et de la santé sur l'âme.

4.° C'est dans la combinaison savante du sentiment avec l'idée, combinaison placée originairement dans la sensation, qu'il faut

lonté est déterminée par les idées, mais l'action même ne peut se faire que par un sentiment. Elle se fera donc par ce sentiment harmonique avec le principe, comme une pendule bien réglée sonne l'heure que l'aiguille indique.

Nous avons vu que le bonheur consiste dans l'harmonie de nos idées avec nos sentimens. On voit ici comment le bonheur s'allie au devoir.

Mais être décidé par son sentiment, c'est être décidé par son *instinct*, qui dans son acception générale me paroît être le sentiment mis en action par un effet de l'organisation. Je ne fais que hazarder ici cette définition.

chercher l'origine des passions qui, quel que soit leur objet, ne résident jamais que dans la sensibilité.

5.° La sensation, qui est le premier phénomène résultant de cette union de deux élémens (idée et sentiment), est ce qui met l'homme en communication avec les objets extérieurs.

6.° C'est encore dans cette union qu'il faut chercher le point de contact de l'âme et de l'automate, qui fait que le sentiment a toujours quelque *lumière* et l'idée quelque *attrait* vers ce qui convient au besoin du moment.

7.° Rien ne prouve mieux l'union intime des deux élémens de la sensation (idée et sentiment) que l'influence souvent instantanée que les sentimens d'autrui exercent sur tout notre être. La *vue* des souffrances d'une personne chérie n'est encore qu'un *tableau ;* ses cris ne sont que des sons ; mais telle est la *liaison* intime entre les idées et les sentimens (liaison placée dans la sensation) que des *sons* et un *tableau* ont suffi pour bouleverser mon être tout entier. Ce n'est point ici une *association d'idée à idée* mais une *association de sentimens,* une accumulation de sensibilité sur une même personne que l'*idée* des souf-

frances de cette même personne a suffi pour
incendier. Tout dans notre être est rapport
et harmonie : les cinq sens sont construits *en
rapports avec les objets extérieurs* (1). L'œil
est construit pour peindre sur la rétine un
tableau admirable , et l'âme est créée pour
apercevoir tous les traits de ce tableau. Il y
a plus, les traits isolés de ce tableau (les idées)
se décomposent pour se recombiner ensuite
de manière à produire la *connoissance* qui
forme peu à peu les sciences naturelles. Et
tels sont les rapports des idées avec le monde
extérieur, que le mouvement et la marche
des idées se fait comme de concert, et pour
ainsi dire parallèlement avec la marche du
monde extérieur, de manière que les opérations intérieures de l'intelligence dessinent au-
dedans de nous cette portion de l'univers que
Dieu a voulu mettre en connoissance avec
l'homme.

Admirable harmonie de nos organes avec
les objets extérieurs, et de ces mêmes organes
avec les lois de notre être intérieur , qui
semble créer dans les profondeurs de l'âme

---

(1) On verra dans la suite que j'ai mieux développé
ces idées dans l'analyse que j'ai faite du sens moral.

un monde tout spirituel marchant comme de
concert avec l'univers qui nous entoure ! Et
ces lois de la pensée, qui nous élèvent à la
connoissance d'une portion de l'univers, ce
n'est pas nous qui les avons faites ; nées avec
nous, elles sont elles-mêmes notre destinée
et le présage d'une destinée plus sublime encore que nous ne faisons qu'entrevoir.

Je viens de parler de la faculté de connoître. Les lois de la faculté de sentir ne
sont pas moins admirables que les lois par lesquelles nous pensons.

Nous l'avons vu, la sensation nous donne
à la fois le sentiment et la pensée, et ce sentiment, né dans la sensation, a des rapports avec
le sentiment central de l'organe de la vie non
moins parfait que la rétine n'en a avec l'âme. Le
sentiment de la faim, uni dans la sensation avec
la vue d'un aliment, a des rapports préor-
donnés avec l'organe vital. Sans ce rapport,
comment l'homme sauroit-il jamais distinguer
parmi les objets extérieurs celui de ses besoins
intérieurs ?

Cette liaison naturelle de nos sentimens avec
les *objets* de nos besoins existe dans la sensation même. C'est dans cette liaison naturelle
de l'idée avec le sentiment que se trouve

l'explication de presque tous les phénomènes de l'être mixte.

Chaque idée est associée à quelque senti- ment, parce que toute sensation renferme les deux élémens de notre être, sentiment et idée. Mais chaque sentiment né dans la sen- sation, étant en rapport avec quelque rameau de l'organe central de la sensibilité, se trouve plus ou moins électrisé par lui.

Il en arrive que toute combinaison d'idées produit non-seulement une combinaison d'idées, mais encore une combinaison de sentimens, et de sentimens sans cesse affectés par l'organe central. De là vient que le sentiment peut être *guidé* par les idées, et les idées par le sen- timent.

De cette combinaison intime de l'idée avec le sentiment (combinaison née dans la sensa- tion) résulte la marche de nos idées *morales* toujours composées de sentimens et d'idées.

Mais l'organe de la sensibilité (organe cen- tral qui fait aller la vie de l'automate) agit sans cesse sur les sentimens, de manière que les sentimens, quelque combinés qu'ils soient avec les idées, éprouvent encore l'influence de l'organe central.

Et les idées aussi sont dominées non-seule-.

ment par le sentiment, elles le sont aussi par l'âme qui peut les désassocier de leur sentiment par la force appelée *attention*, les renforcer par cette même force, et construire ce merveilleux assemblage de rapports qui compose les *sciences* morales et naturelles.

Le monde extérieur se trouve avoir avec notre faculté de sentir des rapports non moins précis qu'il n'en a avec notre faculté de connoître. L'organe de la sensation est construit en rapport avec les besoins de l'automate, comme les organes des cinq sens sont construits en rapports avec la faculté de penser. Il y a donc dans la sensation parité de rapports avec l'imagination par le sentiment, et avec l'intelligence par les idées.

Mais la faculté même de *sentir*, quoique toujours en rapport avec ses organes, réside dans l'âme tout aussi bien que la faculté de connoître. C'est l'âme, et non l'organe, qui sent et qui compare les sentimens pour *préférer* : c'est l'âme aussi qui compare ses idées pour *juger* et *connoître*. L'*idée* née dans la sensation suppose un mouvement dans son organe, tout aussi bien que le sentiment en suppose dans le sien. Ces deux facultés de sentir et connoître s'entr'aident par des rapports encore peu connus. Mais qui peut douter de leur harmonie ? C'est dans cette harmonie qu'est placé le *bonheur* vers lequel tout être sentant gravite. C'est vers le bonheur que la boussole de la raison dirige sa course, c'est pour le bonheur et en rapport avec le bonheur qu'elle est construite.

CHAPITRE XII.

Harmonie sociale.

J'ai parlé des rapports des cinq sens avec les objets extérieurs dont se compose la faculté de penser, j'ai parlé des rapports des cinq sens avec l'organe central dont se compose la faculté de sentir et de vivre.

Je vais parler des rapports, non moins merveilleux, préétablis *entre les sentimens des hommes*, rapports qui font aller le monde social vers une harmonie graduelle, que nous connoissons sous le nom de civilisation.

C'est l'accord ou la dissonance de nos sentimens avec les sentimens d'autrui qui fait aller le monde social par des lois non moins infaillibles que les lois de l'attraction, qui meuvent le système des cieux.

Nos sentimens sont attirés par l'harmonie

et repoussés par la dissonance avec les sentimens d'autrui. Le besoin de cette harmonie
est la force motrice qui fait aller le monde
social. Les lois de cette harmonie sont les
véritables lois qui gouvernent les nations et
les empires ; c'est d'elles qu'émanent les institutions humaines ; elles sont les législatrices
de l'homme social, sentant et pensant.

Tout dans notre être étincelle de rapports.
Dans la faculté de connoître , il y a rapport
de nos idées avec les objets extérieurs. Dans
la faculté de sentir , il y a rapport du sentiment de nos besoins avec l'organe de nos
idées. Entre le sentiment et l'idée existe le
rapport merveilleux qui nous fait connoître
les *objets* de nos besoins. Entre homme et
homme existe le rapport non moins admirable
qui, en attirant ou repoussant l'homme de
l'homme, forme le système social qui, né
dans le chaos, s'élève peu à peu vers les
régions d'une harmonie toujours croissante.
Tous ces rapports rayonnent vers de grandes
harmonies que nous entrevoyons assez clairement pour nourrir de grandes espérances.
Nous voyons la nacelle construite pour un
long voyage ; nous la voyons se diriger vers
ces régions d'harmonie, où tout annonce un

bonheur placé au-delà de l'horizon de cette vie matérielle.

Je crois avoir éclairci ce que l'on doit entendre par sentiment. Passons à la définition des sentimens moraux.

J'observerai que sitôt qu'on arrive sur le terrain des sciences impératives, comme la morale ou la théologie, on se sent comme dans une arène de gladiateurs. Pour sortir de cette intolérante cohue qui de partout prétend vous dominer, je dirai que je ne cherche ici ni le bien ni le mal, mais la lumière ; bien persuadé que l'on ne doit donner des lois qu'après avoir trouvé des principes. Jusqu'ici la morale s'est presque exclusivement appliquée à nous dire ce qu'il falloit faire ou pas faire , sans chercher dans l'organisation de l'homme quel étoit le principe de ses actions. Nous sommes sans cesse à toucher au cadran et aux aiguilles de la montre sans étudier sa structure de ses ressorts , et de ses rouages.

Les lois devroient suivre les principes et non les précéder, mais comme cette marche est impossible dans la pratique , on devroit la permettre au moins dans la théorie.

J'appelle *sentimens moraux* les sentimens nés de l'action du sentiment d'autrui sur les

nôtres. La théorie des sentimens moraux est
dans la théorie des lois qui résultent de
l'action des sentimens sur les sentimens , lois
peu connues , mais non moins certaines que
les lois de l'attraction qui meuvent le système
du monde.

Quelle ignorance dans tout ce qui touche à
la connoissance intime de l'homme ! Nous ne
connoissons qu'une minime partie de notre
être spirituel et nous n'avons la connoissance
que de la moindre partie de nos sentimens et
et de nos pensées. Sans la parole , qui atteste
la présence instantanée des idées , des sentimens et des rapports , que saurions-nous de
ce jeu si savamment combiné de notre esprit
qui fait aller la parole ? Dépouillons nos idées
de leur langage et demandons-nous ce qu'il
nous en reste de souvenirs. Et cependant il a
bien fallu que les idées , et les rapports , et
les sentimens fussent là pour faire aller cette
parole. J'ai fait entrevoir la prodigieuse mul-
tiplicité , et la mobilité de nos sentimens, continuellement modifiés au dedans de nous par
le mouvement de la vie , formés et déformés
tour-à-tour par les besoins, par les passions
et combines sans cesse par toutes nos idées
associées. Mais ce qui exerce une influence

perpétuelle sur nos sentimens, déjà si mobiles, ce sont les sentimens d'autrui. Qu'on se représente deux instrumens de musique, deux piano, composés chacun de quelques milliers de cordes, qui se tendroient et se détendroient par l'effet de l'organisation de l'instrument ; et qui de plus seroient sans cesse montées ou démontées par l'action et la réaction de l'un sur l'autre, et l'on aura quelqu'idée de l'action continuelle que l'homme exerce sur l'homme par ses sentimens. .

Ajoutez à toutes ces causes de la mobilité de nos sentimens, une tendance continuelle de l'âme à se mettre en harmonie avec elle-même et avec les sentimens de tous les hommes qui agissent sur elle, et vous comprendrez que l'action et la réaction des sentimens jouent un grand rôle dans la vie humaine. La connoissance des lois de cette harmonie universelle, vers laquelle le sentiment tend sans cesse, et la connoissance de tout ce qui peut la produire ou la troubler, constitue la science de la morale.

Il me semble que tous les systèmes se retrouvent dans l'idée sublime d'une harmonie universelle, qui est à peu près synonime de civilisation, c'est-à-dire d'un développement harmonique de nos facultés. Je n'ai aucune idée d'un bonheur qui ne seroit pas senti , et d'un autre côté je ne puis concevoir comment l'homme arriveroit à l'harmonie sociale , si ce n'est par les idées , c'est-à-dire par la raison. Sitôt que dans nos calculs nous admettons un avenir, il n'y a plus de guerre entre le bonheur et le devoir. Si le bonheur ne peut se trouver que par le moyen de la raison, la raison sera la première condition du bonheur.

Je ne fais point ici un cours de morale ; mais un voyage de découvertes. Ce que je vois clairement c'est que les hommes ne sortiront jamais du ténébreux séjour de l'ignorance, sur ce qui les touche de plus près , s'ils ne font pas quelques tentatives pour étendre la connoissance intime de l'esprit humain. La morale suppose la connoissance des rapports de l'homme, mais comment arriver à cette connoissance , tant que l'homme demeure inconnu.

C'est faute de s'entendre qu'on est intolérant ; l'ignorance des principes produit la controverse , qui semblable aux tempêtes appelle à elle les nuées et les ténèbres.. Les haines et les disputes n'ont jamais rien éclairci ; et ce n'est que lorsqu'on n'y pense plus, que la lumière arrive souvent du côté où elle étoit le moins attendue. C'est à l'étude de nous même à réunir le calme de l'âme avec cette lumière de l'esprit faite pour pénétrer enfin dans les régions mystérieuses de notre être.

TROISIÈME PARTIE.

SENS MORAL.

ÉTUDES DE L'HOMME,

POUR

SERVIR A LA CONNOISSANCE DES PRIN-CIPES MOTEURS DES ACTIONS HUMAINES.

TROISIÈME PARTIE.

SENS MORAL.

ANALYSE DU SENS MORAL.

Le sens moral n'est point l'ouvrage de l'homme. Il suppose une organisation capable d'exprimer un sentiment, et une organisation faite pour sentir le langage du sentiment d'autrui.

J'ai dit plus haut que le mot de sentiment s'appliquoit à trois choses.

1.º Au sentiment de nos besoins, qui ont des ramifications fort étendues, et comprennent, outre les besoins nécessaires à la vie, tout ce qui tient à la santé, à l'humeur, et à toutes les manières d'être qui ont leur source dans l'état de l'organisation.

2.° Au sentiment du beau. Tout ce que les poètes disent de l'inspiration et du langage divin, prouve bien que l'on sent la différence du sentiment du beau d'avec celui de nos besoins et de nos sentimens moraux.

3.° Enfin aux sentimens moraux. Ces sentimens n'ayant jamais été analysés, je vais tacher de le faire ici. On verra qu'ils diffèrent essentiellement des deux autres classes de sentimens.

J'appelle *sens moral* le sens qui nous instruit du sentiment d'autrui. Mais comment le sentiment d'autrui vient-il à se révéler à l'homme ?

Je vois un homme sur la roue. Je ne fais que *voir*, et cependant j'éprouve toute autre chose que ce que l'*œil* me fait voir, lorsqu'il ne fait que me transmettre les objets visibles.

Qu'est-ce que j'éprouve *de plus* que la simple *vue*; et d'où vient ce second sentiment que la vue seule ne peut me donner?

Le sentiment d'horreur que j'éprouve à la vue d'un supplice, je le distingue aisément du simple tableau dessiné dans mes yeux. Tout mon être est agité à la vue de l'homme souf-

frant. Dans ce moment penserois-je à autre
chose qu'aux angoisses du malfaiteur, à son
crime, peut-être à l'atrocité de la peine?
Toutes mes pensées sont commandées et agi-
tées par le sentiment qui vient d'entrer dans
mon âme, en apparence par l'organe de la
vue, mais en réalité par un autre sens.

Il faut donc pour expliquer le sentiment
d'horreur que j'éprouve, que l'œil soit organisé de manière à transmettre à l'âme non
seulement le tableau, mais le sentiment que le
tableau a fait naître en moi. Un oiseau verra
le criminel sur la roue sans aucune horreur,
et néanmoins son œil est construit à-peu-près
comme celui de l'homme. Mais ce qui manque
à l'oiseau, c'est cette seconde organisation particulière à l'homme qui lui transmet les sentimens de son semblable. C'est sur cette organisation qu'est fondé le système social qui repose
en entier sur les sentimens moraux.

L'organe de l'œil ne me transmet que l'action des rayons visuels : ces rayons me peignent
un *objet extérieur*. Cet objet devenu perception, est ce que j'appelle *idée*, en distinction
du sentiment que j'éprouve si douloureuse-
ment à la vue d'un supplice.

Il faut donc admettre ici deux genres de

rapport de l'œil avec l'âme du spectateur : l'un qui sur la surface de l'œil ne fait que dessiner l'homme souffrant, l'autre qui excite dans le système nerveux, et par lui dans l'âme, le sentiment douloureux que j'éprouve à la vue de cet homme.

La *vue* de l'homme souffrant et le sentiment que j'éprouve en le voyant sont impérieusement associés dans mon âme, par la nature de mon organisation d'homme ; ce qui fait que la douleur que j'éprouve, je la place hors de moi dans l'objet même qui l'a fait naitre. Voilà l'origine de la sympathie qui lie l'homme à l'homme, et compose l'ensemble mystérieux des sentimens moraux.

Plus je *pense* à l'homme souffrant, plus le sentiment de douleur s'étend chez moi, mais la pensée en s'étendant modifie et quelquefois change le sentiment primitif.

On me dit que l'homme souffrant est un parricide. A l'idée de parricide vient s'attacher un *sentiment* particulier. Ce second sentiment, combiné avec celui de ma pitié, produira un troisième sentiment composé des deux autres, à-peu-près comme deux sons en musique en produisent un troisième.

Cette combinaison de sentimens se fait en

combinant les idées, parce qu'aux idées que je combine sont attachés des sentimens. C'est par la pensée que j'agite ces sentimens ; je passe de l'homme souffrant à l'idée de son crime, et quand je ne crois que *penser*, je me trompe, je *sens* en pensant, parce que chacune de mes pensées est liée à un sentiment très-actif qui réagit à la fois sur les idées et sur les sentimens.

Ce qui dans l'objet extérieur, excitateur de mon sentiment, produit en moi le sentiment sympathique, je l'appelle *physionomie*.

Nous avons certainement un sens fait pour comprendre ce que j'appelle physionomie. Nous distinguons dans un tableau ce qui est fait pour parler à l'âme de ce qui n'est fait que pour parler aux yeux. L'expression des passions par la physionomie a ses règles connues, très-différentes des règles de formes et de proportions prescrites pour le dessin d'une tête ; on a ébauché l'art de la pantomime, c'est-à-dire, l'art d'exprimer les sentimens par le mouvement et les gestes ; qui fait partie de la physionomie. (1).

____

(1) On a des livres de dessin, qui ne contiennent que les règles pour exprimer les passions. On a d'autres

Quand je parle de *l'organe* qui exprime les passions par la physionomie, je ne suppose pas un organe distinct, comme, par exemple, l'organe de l'œil ou de l'oreille, mais je donne le nom d'organe à tout ce qui dans l'organisation est destiné à produire une classe déterminée d'effets.

Qui n'a pas éprouvé l'effet presqu' instantané d'une physionomie ? Les personnes très-nerveuses expriment machinalement sur leur physionomie les sentimens des personnes qu'elles regardent. Sont-elles en gaieté? une forte impression d'ennui, qui vient les frapper chez la personne qu'elles regardent, décompose à l'instant tous leurs traits ; ce qui n'arriveroit pas si la simple *vue* d'une personne ennuyée ne faisoit que produire des idées et non des sentimens.

Les sentimens d'autrui ne sont pas toujours sympathiques. Quelquefois ils se combinent avec les sentimens qu'ils trouvent dans notre âme pour produire un troisième sentiment. Le dédain qu'on me montre produira un sentiment de colère plus ou moins vif, suivant la plus ou moins bonne opinion que j'aurois de moi. Cette

---

livres élémentaires qui ne contiennent que les proportions qui constituent la figure humaine.

colère éveillera les idées naturelles à la colère, et ce sont ces idées-là qui m'agiteront.

Les animaux aussi ont une physionomie pour exprimer et des organes pour comprendre les passions appropriées à leur espèce.

Tout ce qu'on appelle *expression, accent* chez l'animal comme chez l'homme, tient à l'organe de la physionomie, construit à la fois pour exprimer la passion et pour comprendre la passion dans les autres.

En contemplant l'homme qui souffre, les rayons de lumière produisent une sensation dans l'organe de l'œil. Mais cette sensation est en double rapport avec l'âme. Elle donne le *tableau* de l'homme souffrant sur la roue, et elle excite le *sentiment sympathique* que ce tableau produit.

On voit que la naissance des sentimens moraux n'est pas différente de celle des idées. Pour produire l'idée il faut que l'organe soit affecté par l'objet extérieur en rapport avec lui. Il faut de plus que la retine agisse sur l'âme de manière à produire le tableau de l'objet.

Il en est de même de la naissance du sentiment sympathique; il faut pour produire ce sentiment, qu'il y ait un objet extérieur en rapport avec l'organe, et que cet organe mette en mouvement la partie du système nerveux capable de produire ce sentiment. Pour éprouver une idée il faut rapport de l'objet extérieur avec l'organe, et rapport de l'organe avec l'âme. Pour *éprouver un sentiment moral* il faut une même précision de rapports de l'objet (la physionomie) à mon organe, et de mon organe à l'âme par le moyen de ma sensibilité.

Nos sentimens moraux ont donc leur origine dans la sensation, comme les objets sensibles ont la leur dans cette même sensation, toujours composée de deux élémens actifs, d'une idée et d'un sentiment.

On aperçoit dans la naissance du sentiment moral un singulier phénomène, celui de communiquer à autrui par un signe naturel, appellé physionomie, le sentiment qu'on éprouve. Et cependant il n'y a aucun rapport apparent entre la physionomie que j'aperçois et le sentiment qu'elle me fait éprouver. Lire le sentiment d'autrui dans les *traits* du visage me paroit aussi merveilleux que le seroit de lire le contenu d'un livre sur sa reliure. Tout est merveille pour qui sait réfléchir. La naissance d'une idée dans l'âme par le moyen de quelques rayons qui tombent dans l'œil n'est pas moins étonnante, que ne l'est le sentiment sympathique que j'éprouve à la vue de quelques traits d'une physionomie.

Ce qu'il y a de plus à remarquer dans la naissance d'un sentiment sympathique, c'est que le sentiment, que la sensation transmet, est précisément de l'espèce de celui qu'elle représente. La *douleur* que la pitié me fait éprouver est de même nature que la *douleur* dont elle est la copie. Vois-je une plaie à l'œil, je la sens, non au bras ni au corps, mais à l'œil même.

Il faut donc admettre une organisation particulière capable de faire passer mon sentiment dans l'âme d'autrui, et un autre appareil d'organes chez le spectateur, capable de lui faire comprendre ce langage.

Le sentiment qu'on me fait éprouver est sans doute l'effet d'un mouvement nerveux. Il a des rapports directs avec l'organisation, que l'*idée* n'a pas. Tel sentiment suffit pour bouleverser tout mon être, et quiconque est nerveux sait que nous n'éprouvons aucun sentiment complètement indifférent.

Avant de trouver l'hypothèse que j'avance ici, j'expliquois la sympathie par l'association des idées. Mais pourquoi tous les visages gais

donnent-ils à tous les hommes de la gaîté ,
tous les tristes de la tristesse , et tous les en-
nuyés de l'ennui , s'il n'y avoit pas une association naturelle entre ces expressions et le
sentiment qu'elles représentent ? cette con-
nexion *naturelle* , il faut la chercher dans
l'organisation.

L'association des idées renforce et modifie
dans la suite ces sentimens, nés du sens moral.
Mais leur premier éveil est venu de la nature.

En parlant de la naissance des sentimens sympathiques, il ne faut pas oublier que les sentimens sympathiques sont différens selon l'intensité de sentimens. Je puis sympathiser avec tels
degrés de gaîté et ne plus sympathiser avec tels
autres. Chaque degré d'intensité de sentiment
soit chez les autres , soit chez moi-même, produit des effets différens, des combinaisons différentes, et des sympathies différentes.

L'analyse des sentimens jointe à l'analyse
déjà faite des idées fera faire un grand pas à
la connoissance intime de l'homme.

Le principe : que le *sens moral* qui transmet
les sentimens d'une âme à l'autre est un sens
matériel , et non une opération de l'esprit, prévient un travail inutile , celui de rechercher
la cause de nos sentimens moraux là où elle

ne se trouve pas. En portant l'attention sur la véritable cause de nos sentimens, elle nous révélera des vérités importantes (1).

J'ai dit que le sentiment de douleur que

-----

(1) Les auteurs de théories des sentimens moraux ont tous voulu faire de la morale, et prêcher avant de savoir ce que c'est que les sentimens moraux sur lesquels ils fondoient leur système. En attribuant la naissance des sentimens moraux à l'organisation de l'homme, le dogme de l'immatérialité de l'âme n'en est point ébranlé. Dans tous les systèmes je suis obligé d'admettre une substance non matérielle parce que cette supposition explique des phénomènes que des organes matériels n'expliquent pas. Nos sentimens moraux supposent comme toutes nos sensations un organe qui produit dans l'âme une certaine classe d'effets. L'organe matériel a ses lois, l'organe immatériel a les siennes. Il y a des rapports intimes entre ces deux organes, je *préfère* parce que je *compare*, j'agis d'après ces préférences, j'agis même contre ces préférences. Que Dieu ait placé dans l'âme la faculté de former des sentimens moraux, ou que, pour nous mieux guider, il nous ait pourvu d'un organe extérieur capable de de nous les faire éprouver, les résultats que j'appelle sentimens moraux sont toujours les mêmes. Au reste cette querelle, presque théologique, entre la matérialité et l'immatérialité de l'âme perd de son importance, depuis qu'on ose avouer qu'on ne sait pas bien clairement ce que constitue l'essence de l'âme et de la matière.

j'éprouve à la vue de l'homme souffrant est de même nature que le sentiment de cet homme. J'appelle *sympathie* ce sentiment ressemblant au sentiment d'autrui.

J'arrive à de nouveaux phénomènes, qui vont compliquer la théorie des sentimens moraux.

J'observe que la plupart des sentimens, que le sentiment d'autrui nous fait éprouver, ne sont pas sympathiques. Je vois un homme qui dans sa colère est prêt à assommer un enfant.

J'éprouve une vive émotion, mais cette fois ce n'est pas une émotion sympathique de colère, ce ne sera pas un simple sentiment de pitié pour l'enfant ; ce sera un sentiment composé de deux sentimens, de la colère du fort et de la pitié pour le foible. Ce troisième sentiment je l'appelle *indignation*.

Suivons ces phénomènes. Les deux sentimens que j'éprouve très-rapidement, et dont l'un (la pitié pour l'enfant) a presque absorbé la colère de l'homme qui le bat, ces deux sentimens en ont produit un troisième, celui de l'*indignation*. C'est ici que la science des sentimens moraux devient compliquée. On voit que les divers sentimens que j'éprouve agissent l'un sur l'autre, pour produire un troisième sentiment, comme en musique les sons agissent l'un sur l'autre pour produire un accord ou une dissonnance. Les lois de cette action composent la majeure partie de la théorie des sentimens moraux.

On a fait une autre grande classification des sentimens moraux en les distinguant en sentimens agréables et désagréables.

J'observe que la perception d'un sentiment agréable est lié avec le *désir* de le prolonger, que la perception d'un sentiment désagréable est lié avec le désir de le faire finir.

J'exprime l'idée de ce désir lorsque je dis qu'un sentiment agréable *m'attire* vers quelqu'un, et qu'un désagréable m'en *repousse*. Cette attraction et cette répulsion sont les premiers moteurs du système social puisque ce sont eux qui font que l'on hait ou que l'on aime.

Je n'ai pas épuisé les élémens de nos sentimens moraux. Jusqu'ici je n'ai considéré que l'effet de l'action des sentimens d'autrui sur moi. Il y a ici un autre élément à considérer, c'est l'état momentané de mon organe de sensibilité au moment où le sentiment d'autrui vient agir sur lui. La musique que je fais sur le piano ne résulte pas seulement du mouve-

ment de mes doigts ; elle est de plus le résultat de l'état de l'instrument sur lequel je
joue.

Or , il est à remarquer que l'instrument
dont je parle (le système nerveux) est dans
un état de variabilité perpétuelle, qui fait que
les cordes de ce piano se tendent et se dé-
tendent sans cesse par l'action non interrompue
de la vie matérielle , et j'ajouterai encore par
l'action non moins fréquente de la *pensée*.

Ce que j'appelle l'organe des sentimens moraux (je veux dire celui qui me transmet les
sentimens d'autrui) est lié à tout le système
nerveux , qui réagit sans cesse sur cet organe.

L'action que les sentimens d'autrui font
éprouver à l'homme est continuelle, et plus
grande que nous ne le croyons. Il y a ici une
action et réaction de l'organe de la vie sur les
sentimens , et des sentimens sur l'état de l'organisation qui fait également partie de la médecine et de la psychologie.

Récapitulons.

J'appelle *sentiment moral* le sentiment produit en moi par le sentiment d'autrui. Ce sentiment n'est point mon ouvrage : il se produit
instantanément à la vue de ce qui exprime le

sentiment d'autrui : nous le retrouvons mieux chez les animaux (1).

Le sentiment moral suppose deux choses chez l'homme qui transmet un sentiment : il suppose un rapport préformé entre le sentiment qu'il éprouve et l'expression de ce sentiment. Il suppose en second lieu un rapport non moins décidé de la physionnomie, du

---

(1) Il y des faits chez les animaux comme chez l'homme qui ne peuvent s'expliquer qu'en supposant qu'il y a des rapports naturels entre certains objets extérieurs et certains sentimens. J'avois élevé une fauvette prise dans son nid. Je la tenois dans sa cage sur la fenêtre. Je la vois tout-à-coup vivement agitée, ses cris exprimoient l'effroi : elle regardoit sans cesse en haut. Curieux de savoir quel étoit l'objet de ses terreurs je prend mes lunettes, et j'apperçois sur le toit, au-dessus de la cage de l'oiseau, le museau d'un chat qui tenoit les yeux fixés sur la fauvette. Comment la vue de ce museau et de ces yeux ont-ils pu causer à l'oiseau (qui n'avoit jamais vu de chat que dans la rue) les terreurs dont je le voyois agité? Il y a beaucoup de phénomènes semblables qu'on explique par le mot instinct; mais qu'est-ce que l'instinct ? En supposant des rapports préétablis chez les êtres sensibles et les objets faits pour intéresser leur existence, on expliqueroit les phénomènes de l'instinct chez l'homme comme chez l'animal.

langage , des gestes et du sentiment sympathique avec les organes du spectateur.

Tout ceci ne peut se faire sans un organe
matériel approprié à ces effets. Il faut que
cette organisation soit construite dans le double
rapport : 1.º de recevoir l'empreinte du sentiment intérieur qu'on éprouve , et 2.º de
transmettre ce sentiment par le moyen de cette
empreinte. Je souffre : mon sentiment se peint
sur les traits de ma physionomie , et ces traits
vont attacher mon sentiment à l'âme du
spectateur.

Mais l'action de la physionomie d'autrui sur
mon âme se combine avec les sentimens qu'elle
trouve chez moi , et cette combinaison produit
de nouveaux résultats.

Il y a plus : le sentiment en réveillant les
idées, excite les sentimens attachés à ces idées,
de manière que le mouvement des idées produit toujours quelques mouvemens dans l'organe de ma sensibilité.

Tous ces sentimens que j'éprouve agissent
l'un sur l'autre , et produisent dans l'âme ces
accords ou ces dissonnances, qui font que l'on
haït ou que l'on aime , et que l'on est heureux
ou malheureux.

Je n'ai point épuisé encore tous les phé-

noménes qui accompagnent nos sentimens
moraux.

« Adam Smith observe : que lorsque les
» gens du peuple contemplent un danseur de
» corde, ils tournent et balancent leur corps
» comme ils voient que fait le danseur, et
» comme ils sentent qu'ils devroient faire eux-
» mêmes s'ils dansoient sur la corde. » On
voit par cet exemple que le mouvement de
sensibilité agit sur le système musculaire, par
lequel seul les actions s'exécutent. Il est probable que ce n'est jamais que par l'action de
la sensibilité que l'on peut agir sur le système
musculaire.

Quoiqu'entre tel sentiment et l'expression
de ce sentiment il n'y ait aucun rapport apparent, il n'en arrive pas moins que l'expression de ce sentiment est aussitôt comprise par
le spectateur.

La passion donne la physionomie, et la
physionomie transmet presqu'instantanément la
passion qu'elle exprime aux yeux mêmes des
petits enfans, et cependant on ne peut nullement comprendre le rapport qu'il y a entre
tel état nerveux et la physionomie qui en résulte. On ne conçoit pas mieux l'effet singulier
de la peinture d'une physionomie, qui se fait

sur le visage de la personne qui éprouve un sentiment, et l'état nerveux du spectateur que cette peinture affecte. La seule réponse à donner à qui nous demande l'explication de ces faits, c'est de dire, que l'homme est fait ainsi. Tout est mystère pour qui sait réfléchir. La naissance d'une sensation à l'occasion de telle impression des rayons de lumière sur la rétine s'explique-t-elle mieux que le langage de la physionomie (1).

On demandera peut-être pourquoi j'appelle *moral*, le sens qui nous transmet les sentimens d'autrui. La raison en est que ce sens est le fondement de la morale. Ce sont les sentimens d'autrui qui font que nous aimons et haïssons, que nous nous rapprochons et éloignons de nos

______

(1) Nous avons quelquefois de fausses idées de ce qu'il faut entendre par cause et effet. Toutes nos recherches de causes ne nous enseigneront jamais que des faits, et l'ordre de ces faits, elles n'arriveront jamais au *comment* de ces faits. Il suffit en bonne philosophie d'indiquer les véritables sources des faits sur lesquels il faut diriger l'attention, pour bien connoître ce qui est, sans prétendre aller au-delà. Certainement la connoissance jusqu'ici si négligée des phénomènes de la sensibilité produira un grand jour dans la psychologie.

semblables. Ce ne sont pas les *actions* qui décident de nos rapports moraux, ce sont les *motifs* attribués à ces actions. Les motifs sont les sentimens qui déterminent les hommes, et c'est toujours par eux que nous jugeons de leur moralité. Mais qui nous instruiroit de ces motifs si ce n'est le sens moral ?

Le sens moral aussi a une éducation à faire. Les cinq sens, en nous donnant des idées et des sensations sont une des sources des connoissances humaines ; mais les idées et les sensations qu'ils nous donnent, ne nous éclairent que dans leur développement. Tous les hommes sont doués de cinq sens, mais tous les hommes malgré leur cinq sens ne sont pas éclairés. Il en est de même du sens moral ; il ne nous donne jamais que des élémens de lumière. Il faut apprendre à sentir juste comme on apprend la musique ou les sciences. C'est en comparant et en combinant beaucoup que l'on apprend à appécier ce que l'on sent, et à tirer des conséquences de ces premières émotions du sens moral.

Ce sens n'est rien s'il n'est guidé par les idées, c'est-à-dire, par la raison.. Il ne nous donne que des émotions sans lumières. Voici comment les idées viennent à le guider..

Les idées, toujours associées avec quelque

sentiment, agissant sur les sentimens par ces sentimens nés avec elles dans la sensation, ou associées avec elle fortuitement. Ce sont ces sentimens liés aux idées qui agissent sur les sentimens moraux.

Ce sont les idées encore, qui, en nous dévoilant l'avenir nous apprennent à tirer des conséquences salutaires. Ce sont elles qui en se combinant deviennent les sources de l'expérience.

Il y a plus : les idées arrêtent souvent le premier essor du sens moral, et empêchent l'homme d'être entraîné par une première émotion; elles lui apprennent à raisonner juste; elles l'instruisent à bien apprécier les motifs des actions humaines, ce qui est la véritable source d'une justice éclairée.

Mais c'est le sens moral qui en identifiant l'homme avec l'homme, lui apprend à aimer son semblable plus que lui-même. Tous les sentimens généreux n'émanent que de cet organe. Il y a un plaisir réel, je dirois presque sensuel, à aimer quelquefois telle personne plus que soi-même. Ces doux accens de la sensibilité sont dus à l'instrument que j'appelle sens moral. Mais le sens moral, sans la raison, nous fait faire autant de méprises que les cinq sens sans le raisonnement

Tout ce qui est de quelque prix pour l'homme, il faut qu'il le cherche dans lui-même, dans le travail et dans le développement de ses facultés, qui est encore une jouissance. La nature ne donne à l'homme que les matériaux du bonheur; elle veut que le bonheur même soit son propre ouvrage. En plaçant l'homme au sein du chaos elle le doua de la puissance de créer la lumière, et d'opérer par elle sa noble destinée.

Disons un mot du langage comme faisant partie du sens moral.

J'entends par physionomie (selon l'étymologie du mot) tout ce qui exprime *matériellement* le sentiment d'autrui. Je puis donc considérer le langage comme partie de la physionomie.

Le langage, dans le sens le plus étendu, se compose de sons, de gestes et de peintures appelées caractères.

Le langage le plus incontestablement naturel est celui des sons. Qui pourroit confondre les gémissemens de la douleur avec les accens du plaisir?

Les sons, produits par un sentiment, ont un rapport naturel, d'un côté avec les sentimens qui les produisent, et de l'autre avec le sentiment de la personne qui les entend. Il y a dans ce phénomène , liaison du sentiment avec le son qu'il émet) qui n'est point arbitraire) ; et liaison du sentiment que ce son excite chez la personne qui l'entend , qui n'est pas arbitraire non plus. On peut donc remarquer quatre chaînons qui se tiennent tous , 1° le sentiment, premier excitateur du son ; 2.° le son même ; 5.° l'organe de la personne qui écoute ; 4.° Enfin le sentiment excité par cet organe , frappé par ce son. Remarquez que le sentiment communiqué n'est pas plus arbitraire chez la personne qui écoute, que le cri ne l'a été chez la personne qui la poussé.

Faisons un pas de plus. Le premier phénomène nous a fait voir le sentiment transmis d'une âme à l'autre par ces quatre chaînons placés dans l'organisation , sentiment, cri , son et sentiment. Mais chaque sentiment se trouve avoir ses rapports naturels avec les idées. La terreur, qui produit les cris de l'homme épouvanté , a ses idées de préférence , et la même terreur produite chez l'homme affecté par ces cris , aura produit des idées analogues. On voit que la chaîne qui lie l'homme à l'homme s'étend par le langage et se ramifie jusques dans les profondeurs de l'âme.

Ce que je viens de dire des sons s'applique aux gestes et surtout à l'expression de la physionomie. Nous sommes obligés à reconnoître encore là des rapports organiques du sentiment excitateur avec l'expression de ce sentiment sur les traits si mobiles du visage, et des rapports non moins précis de l'œil qui les aperçoit, avec l'âme du spectateur qui en est ému. La pantomime aussi à ses signes naturels.

L'imitation est un langage tout composé de signes naturels. Si j'imite le croassement des grenouilles, j'éveille l'idée d'une grenouille ; en peignant le lion, je donne l'idée du lion. C'est par des signes naturels que le langage a commencé. La première écriture étoit la peinture grossière de l'idée, le premier langage parlé, l'imitation de quelque son.

Il faudroit désormais, dans les ouvrages de psychologie, ranger les opérations de l'esprit sous trois grandes classifications, et distinguer l'*idéologie*, qui ne s'occupe que de la représentation des objets extérieurs venus par les cinq sens, de la *sensibilité*, comme science des objets arrivés à l'âme par le sens intérieur ; et séparer ces deux classes de phénomènes des *rapports*, nés dans l'âme même en conséquence d'une opération de l'esprit appelée *comparaison*. Toutes les langues se composent de ces trois classes de phénomènes (1).

Je crois qu'en faisant l'histoire de la formation du langage on trouvera que les *sentimens* sont le plus souvent rendus par les sons , les *rapports* par les gestes et les *idées,* par l'*imitation* des formes , des couleurs et des sons , en un mot par la peinture. La première écriture , toute hiéroglyphique , peint les objets extérieurs, les *idées ;* les *sentimens* étoient sans doute rendus par les sons accentués , et les *rapports* par les gestes indicateurs des lieux et quelquefois du temps.

Sans doute que le langage parlé avoit dans son origine beaucoup d'expression , et une accentuation très-vive ; mais à mesure que ce premier sentiment est venu à diminuer , les sons destinés à l'exprimer perdirent leur vivacité jusqu'à devenir des signes sans caractère, c'est-à-dire, sans expression d'aucun senti-

____

(1) La distinction des trois parties constituantes du langage, *idée*, *sentiment* et *rapport*, ne pourroit-elle pas servir dans l'enseignement des sourds et muets, et faciliter l'écriture d'une langue universelle. Par exemple chacune de ces trois classes de mots auroit sa couleur.

ment individuel , par conséquent propre à exprimer une abstraction.

Un même mot, employé par beaucoup de personnes devoit perdre de sa première individualité , pour ne conserver que ce que les idées et les sentimens de chacun avoient de commun entr'eux. Dès-lors, ce mot pouvoit servir à exprimer une idée générale.

Une langue quelconque une fois commencée devient le bien de tous. Je me la représente comme une pâte où l'empreinte des idées de chacun va se marquer, et le langage à son tour transmet ces empreintes à toutes les personnes auxquelles il s'adresse. Les idées moulent le langage, et le langage moule ensuite les idées.

Les *rapports* aussi auront créés des sons , de manière que les mêmes rapports auront produit des sons semblables, ou des modifications semblables d'un même son; par exemple, les mêmes désinences et les mêmes conjugaisons. Le recueil de ces sons réguliers, formés par la nature et consacrés par l'habitude aura produit la *grammaire*, on voit comment la grammaire a dû naître de la marche régulière de l'esprit humain dans la formation des rapports (1). Elle n'est que l'expression des rapports.

____

(1) Si jamais on faisoit l'histoire du développement

Il me suffit ici de faire voir, que le langage de la sensibilité fait partie de ce système admirable de rapports de l'âme avec les
organes, qui permet aux sentimens de passer
d'une âme à l'autre, et de lier l'homme à
l'homme par les liens du sens moral.

Un homme de beaucoup d'esprit (1) a dit :
que le langage remettoit les idées en sensation. C'est une observation féconde, en conséquence : non-seulement le langage remet les
idées en sensation, mais de plus il multiplie
les sensations faites pour désigner une même
idée. L'écriture réveille les idées par les *sons*,
et de plus les réveille par la *vue* des caractères : voilà deux sens en activité pour rappeler une *même* idée. Il y a plus : *l'accent*
de la voix et du geste donne l'éveil au sen-

---

de l'intelligence, il faudroit faire l'histoire de la grammaire qui n'est que le recueil de ce qui dans le langage exprime les rapports. L'intelligence même n'est
que la faculté de former les rapports entre les idées
On voit qu'un bon livre fait tomber à la fois une
grande quantité de livres. La bonne chimie a fait
disparoître l'alchimie. La verité étant un rapport,
elle n'est qu'*un*, tandis que l'erreur est infinie en
nombre.

(1) Rivarol.

timent en même temps qu'à l'idée. Ce qui fait sentir fortement fait penser fortement , et laisse une longue trace dans l'esprit. Toutes ces émotions, produites par le discours d'autrui , se conservent ensuite dans l'âme émue, et se communiquent à leur tour aux personnes avec qui nous vivons. La pensée peu-à-peu sort des solitaires profondeurs de l'âme pour s'attacher aux mouvemens social de la parole et vivre pour ainsi dire dans le langage. De là la prodigieuse puissance que l'homme exerce par le langage sur l'homme. L'esprit vit dans le langage sans y penser , il s'y meut sans s'en douter, comme les poissons se meuvent dans l'eau sans se demander comment ils sy meuvent.

CHAPITRE II.

Ce que c'est que croire. Origine psychologique de la foi. Différence entre les croyances de l'imagination et les croyances qui sont le produit de l'intelligence.

Croire est l'opération tantôt de l'imagination et tantôt de l'intelligence. Le plus souvent c'est l'imagination qui prévaut ; alors la croyance prend le caractère de l'imagination et suit les lois de cette faculté. La croyance de l'imagination est l'assentiment donné à une opinion en conséquence de l'action d'un sentiment sur telle idée. La croyance de l'intelligence, au contraire, est l'assentiment né de l'évidence de rapport entre deux idées.

Croire suppose toujours un rapport, un jugement. L'idée d'une chose (d'un homme par exemple) dont je n'affirme ni ne nie rien, ne compose pas une croyance. Il faut pour croire qu'il y ait au moins *un* rapport entre deux choses, une affirmation ou une négation.

Cependant je puis croire aux choses les plus absurdes, et même aux choses contradictoires, où il n'y a aucun rapport réel. Toutes les religions qui ne sont pas la vraie, ont des exemples d'absurdes croyances à citer. Comment des idées, sans aucun rapport entr'elles, peuvent-elles se loger dans l'esprit comme des vérités , et s'y maintenir durant des siècles ?

Ce phénomène s'explique très-bien par les lois de l'imagination. Nous avons vu qu'il y a des rapports naturels entre les sentimens et les idées. C'est en vertu de ces rapports que chaque passion a son langage et ses idées de

préférence, etc. C'est à l'influence du sentiment sur les idées qu'est dû l'association des
idées ; c'est à cette même influence qu'il faut
attribuer la *foi* de l'imagination.

Quand le nègre croit que son amulette,
son *saphi*, le défendra des bêtes féroces dans
les bois qu'il va traverser, il associe l'*idée* de
son amulette, au *sentiment* de confiance dont
il éprouve le besoin. Le *besoin* de confiance
né de la peur, ne demande qu'une *idée* pour
y attacher le sentiment du courage, dont
l'âme éprouve le besoin. Le nègre croit à
l'amulette parce que l'idée de l'amulette est
chez lui associée au *sentiment* de confiance,
dont le besoin augmente avec la peur qu'il
éprouve.

Rien de plus superstitieux que les joueurs,
qui attachent l'idée de malheur ou de bonheur à l'objet le plus indifférent qui vient
frapper leur âme, émue par les hazards du jeu.
Croire est donc l'association d'une idée avec
un sentiment dont on éprouve le besoin. L'association des idées, qui forme la croyance de
l'imagination, n'est point une *liaison* entre
les idées, mais l'attache d'un sentiment à
une idée. Otez le sentiment, et la croyance
se dissout. Tout le monde connoît le pro-

verbe italien : *passato il perigliogabbato il santo*, ce qui veut dire que, le danger une fois passé on se moque du saint La croyance aux saints ne tenant dans cet exemple qu'au sentiment de la peur, doit nécessairement finir avec la peur.

On voit que, plus le sentiment inspirateur de la foi est vif, plus la croyance est vive et moins la raison a d'empire. La raison suppose essentiellement quelque degré d'attention ; mais le mouvement de l'attention qui arrête la sensibilité ne sauroit naître lorsque le sentiment domine.

On conçoit encore qu'un grand moyen d'augmenter la foi à l'amulette du nègre seroit d'augmenter sa peur. Plus il auroit peur du lion plus sa foi seroit vive (1).

Un des grands effets du rapprochement des hommes, un des bienfaits de la civilisation qui en est la suite, c'est de ne se livrer jamais,

---

(1) On voit bien que le meilleur moyen que les *saints* peuvent employer pour conserver leur pouvoir, c'est de prolonger autant que possible la peur chez leurs dupes. Delà, tant de charlatans qui vivent des frayeurs qu'ils savent inspirer à leurs victimes.

tout entier à son sentiment. L'homme civilisé, toujours arrêté dans les mouvemens de son cœur, est forcé de raisonner, c'est-à-dire de combiner ses idées *d'après leur rapport*, et non pas d'après son sentiment ; par conséquent de faire usage de son intelligence plutôt que de son imagination.

Les lois particulières des deux facultés (de l'intelligence et de l'imagination) une fois connues, on peut les suivre dans leur état de combinaison, état qui compose la presque totalité du mouvement social. Voyons les lois de ces combinaisons.

Une des premières lois de cette combinaison c'est que les idées, transposées par le raisonnement, portent leur sentiment avec elles. Quand Cicéron, dans ses Catilinaires, développe le plan de Catilina, ce développement s'opère par le raisonnement, mais chaque partie de ce raisonnement produit, non-seulement un rapprochement d'idées mais encore un rapprochement de sentimens et une accumulation d'horreur pour le conspirateur. Que fait l'orateur en employant le sentiment ? tout en raisonnant il fait sentir ; ses idées ont, pour ainsi dire, deux empreintes, d'un côté celle qui représente un objet extérieur, et de l'autre celle du sentiment associé à cet objet. L'art de l'orateur consiste à convaincre par le côté des idées et à entraîner en même temps par le sentiment. Cet état psychologique de l'esprit qui sent et raisonne à la fois est l'état ordinaire de l'homme social. Il en arrive que c'est tantôt la raison tantôt le sentiment qui l'emporte, de manière que la boussole tourne tantôt à la raison et tantôt à la sensibilité.

Une seconde loi de cet état de combinaison indique la marche particulière de l'intelligence. Voici cette loi : c'est que lorsque nous réfléchissons, l'esprit prend une marche rétrograde que l'imagination n'a jamais. Quand je damne un hérétique sans faire aucune réflexion, j'agis par une association d'idées produite par un sentiment. Je vois un hérétique, l'idée de sa damnation suit aussitôt. Mais si je venois à raisonner je reviendrois au principe (à la majeure) et je dirois : Tout homme qui n'est pas de ma croyance est damné, mais tel n'est pas de ma croyance, donc il est damné. Ce retour au principe seroit un commencement de raison, qui me permettroit de sonder le rapport qu'il y a entre l'homme qui ne pense pas comme moi et sa damnation. Ce que l'on appelle *conséquence* en logique est ce retour au principe, c'est-à-dire à la majeure (1).

Voici la marche psychologique de la civilisation. Le caractère de l'homme sauvage est de se livrer aveuglement à la sensibilité et de n'aller que par les lois de l'imagination. Bientôt les *idées* s'éveillent, et l'homme purement sentant, toujours froissé par les mouvemens irréguliers de la société est forcé de *réfléchir*. Ce premier arrêt de la sensibilité fera prendre

---

(1) Voici comme je raisonne :

On voit que l'esprit rétrograde de C en A dans la conclusion de son syllogisme. L'homme à imagination au contraire ne fait ni majeure ni mineure, il associe à l'Enfer l'homme qui ne pense pas comme lui, et en reste là, parce que cette association suffit au sentiment qui l'entraîne. Il dira, Jean = hérétique = damné, sans majeure ni conséquence. Que feroit la raison, si elle venoit à s'éveiller ? elle chercheroit le rapport entre l'idée de *damnation* et l'idée d'*hérétique*. Tant que le *sentiment* d'intolérance sera dominant, le rapport entre *damné* et *hérétique* sera le même. Mais ce sentiment, une fois affoibli, le *rapport* entre les idées se développera et l'atrocité de l'association se fera sentir peu-à-peu.

aux *idées* la marche de l'intelligence, c'est-à-
dire qu'au lieu de n'aller que par les rapports
entre les sentimens, il cherchera les rapports
entre les idées. De là naîtra peu à peu quelque *connoissance* et quelque *vérité.*

L'homme n'arrive que rarement aux deux
extrémités de son être, je veux dire qu'il n'est
presque jamais *purement sentant* ou *purement pensant.* Il y a tels élans de passion où
peut-être on ne fait que sentir ; mais l'état
naturel de l'homme social est de sentir et
penser à la fois, et d'aller d'un mouvement
toujours composé d'imagination et d'intelligence, où domine tantôt l'une, tantôt l'autre
de ces facultés.

Toutes nos idées morales ont, pour ainsi
dire, deux côtés et deux empreintes, une
qui représente une *idée* ou objet extérieur,
et l'autre un *sentiment* qui imprime quelque
mouvement à l'idée. On peut bien admettre
comme principe que l'homme social est toujours plus ou moins influencé ou dominé par
quelque sentiment.

Il en arrive que chez l'homme civilisé la
foi raisonne ; et que les idées se combinent
*sans être dégagées de l'influence de la sen-
sibilité.* Par exemple en politique, on rai-

sonne sur les idées que l'on se trouve avoir. Mais ces idées toujours affectées par quelque sentiment, ne sont rangées que par la baguette de l'imagination. Comment l'homme qui a gagné par la révolution sentiroit-il et penseroit-il comme l'homme dépouillé par elle ?

On ne pense pas toujours au nombre prodigieux de rapports qui peuvent naître de deux idées très-simples. Quoi de plus simple que le rapprochement de deux bâtons droits ? On ne pense pas que ce simple rapprochement peut produire un nombre d'angles et de rapports qu'aucun chiffre ne pourroit exprimer.

La plus légère influence de la sensibilité sur les idées suffit pour altérer les rapports qui en peuvent résulter.

Plus cette influence de la sensibilité sera grande, plus aussi la foi aux rapports qui en naîtront sera grande. La foi de l'imagination sera donc en rapport inverse de la raison.

De là vient que les idées les plus absurdes seront celles auxquelles on croira le mieux. Premièrement ces idées ne peuvent naître que par le sentiment et ne peuvent se conserver que par lui. Il y a plus : on raisonne moins sur des idées absurdes, qui ne présentent entr'elles aucun rapport, que sur des idées qui présentent quelque rapport naturel. Quand le nègre croit que son amulette (qui, le plus souvent, consiste en quelques passages du Koran) le préservera du lion, il n'est point tenté de sonder le pouvoir réel de cette amulette sur le lion. Et c'est précisément parce qu'il n'y a aucun rapport entre un chiffon de papier et un lion que l'idée de raisonner ne lui viendra pas. Si au lieu d'amulette il avoit porté une épée, il eût été tenté de réfléchir à la foiblesse de son arme, tandis qu'il n'est point tenté de raisonner sur la puissance de son amulette (1), parce qu'elle n'a aucun rapport avec le lion.

---

(1) On sent le prodigieux pouvoir de la sensibilité sur la foi. Voyez l'éternité des opinions religieuses dans le Midi et surtout dans l'Inde. Chez les nations du midi, les sentimens ont une énergie inconnue aux nations du nord; or plus le sentiment est vif, et mieux il enchaîne les idées qui composent sa croyance. La foi éternise l'ignorance, et l'ignorance à son tour éternise la foi. Plus on sent vivement et plus vivement on rejette toutes les idées contraires à cette foi.

L'ignorance a plusieurs résultats favorables à la foi. En associant un *petit* nombre d'idées fixes à un sentiment dominant, elle renforce la foi à ces idées. En inspirant de l'horreur pour toutes les idées contraires à la foi, elle éternise la croyance et la place à jamais sous la sauve-garde de l'intolérance et du fanatisme. Elle

Que si le nègre s'avisoit de disputer avec un autre ignorant sur la nature et le pouvoir de son amulette, il en résulteroit un autre phénomène singulier, celui d'une discussion sans aucun résultat. C'est là le cas de toutes les disputes sur les idées qui n'ont aucun rapport réel entr'elles. De ces disputes naissent des controverses sans lumières et sans résultats, semblables à celles qui ont déshonoré tant de siècles dans l'histoire (1).

---

fait plus; en absorbant par une foi renforcée toute la faculté de croire, elle écarte à jamais la possibilité du doute, et met ainsi le sceau à l'imbécilité humaine.

Si le sentiment renforce la croyance, la croyance à son tour renforce le sentiment. N'avons-nous pas vû les souffrances mêmes renforcer le sentiment, et toutes les opinions n'ont-elles pas eu leurs martyrs? Tout ceci explique le singulier phénomène de religions conservées toujours les mêmes chez les nations à imagination vive plutôt que chez les nations privées de cette sensibilité du midi. Au premier coup-d'œil l'imagination vive semble plus favorable au mouvement des idées qu'au repos des idées, mais l'expérience nous apprend que passé un certain degré d'intensité, la sensibilité tend au repos plutôt qu'au mouvement. Ce qu'on appelle *culte* chez les nations dont la religion n'est qu'en images est un exercice sentimental, qui, en ramenant sans cesse les mêmes idées aux mêmes sentimens, maintient la vigueur et pour ainsi dire la santé de la foi.

(1) Nous verrons que l'énoncé de tout rapport est

Si les croyances absurdes sont toujours le produit de l'imagination, c'est-à-dire de la sensibilité, on conçoit que heurter ces idées c'est blesser le sentiment qui les a fait naître. De là vient qu'on est plus intolérant pour les idées absurdes que pour les idées raisonnables. Les idées absurdes étant l'œuvre de l'imagination tiennent à la sensibilité, tandis que celles qui sont le produit de la raison supposent l'absence du sentiment.

---

une vérité, par conséquent l'erreur est un *non-rapport*, c'est le rapprochement de deux idées sans rapports entr'elles, par conséquent sans résultats. On voit que les erreurs disparoissent le plus souvent sans qu'on le remarque : il suffit d'établir telle vérité, tel rapport pour faire tomber mille erreurs. Il suffit que je prouve que deux et deux font quatre pour faire disparoître l'erreur que deux et deux font cinq, six, ou tout autre nombre que quatre. Ce qui conserve les opinions absurdes c'est le sentiment qui réunit des idées sans s'embarrasser si elles ont quelque rapport entr'elles. On voit qu'il ne faut jamais chercher à convaincre quelqu'un d'une erreur, si l'on n'a pas avec cette personne un principe commun pour partir delà. Convaincre c'est établir le rapport d'une idée avec une autre idée, ou avec un principe ; mais tant qu'on n'est pas d'accord sur un état de question, c'est-à-dire sur les données, comment le seroit-on sur les rapports entre ces données?

Otez au nègre la foi à son amulette, et vous le verrez mourir de peur. Il défendra son amulette comme s'il étoit question de se défendre du lion. Sa peur a-t-elle cessé, se verra-t-il à jamais hors de l'atteinte du lion, il cessera de se fâcher contre vos doutes, et si son amour-propre ou quelque autre sentiment ne s'en mêle pas, il deviendra accessible à la raison.

L'on voit que le moindre profit des lumières est dans ce qu'elles nous enseignent. Le grand bien qui en résulte est un état de tolérance qui ne peut naître que par l'usage habituel de la raison. Sans la tolérance, il n'y aura jamais de justice universellement répandue, il n'y aura jamais de bonnes lois, ni par conséquent de bonheur chez les hommes.

La cause des croyances absurdes, il faut donc la chercher dans le rapport que la nature même a établi entre les idées et la sensibilité, rapport qui fait que chaque émotion réveille quelque idée de préférence. Ces idées liées ensemble par une émotion commune, se trouvent pour ainsi dire, comme un bouquet, réunies par leur tige sans avoir aucun rapport direct l'une avec l'autre.

On diroit que les croyances absurdes ont

un instinct qui les rend ennemies du raisonnement. Ne voyons-nous pas les fanatiques
avoir la raison en horreur. Leur impiété va
jusqu'à insulter au plus noble don de la divinité, à cette raison qui les condamne, et
sans laquelle le monde seroit un enfer.

On sent la prodigieuse différence qu'il y a
entre la croyance née de l'imagination et la
croyance née de l'intelligence. La foi de
l'imagination tient toute à la sensibilité, ses
mouvemens sont ceux de l'imagination ; tandis
que la conviction, émanée de l'intelligence, suppose l'absence de l'imagination, et ne va jamais
que par les mouvemens de l'intelligence. L'imagination va du sentiment aux idées, et des
idées au sentiment, et jamais d'idée à idée.
La raison, au contraire, ne va que d'idée à
idée, de rapport en rapport, d'identité à
identité. Si parfois les hommes raisonnans sont
intolérans, c'est que les hommes raisonnans
ne sont prs toujours raisonnables. Leur intolérance ne tient jamais à la raison même, mais
aux passions nées dans la partie déraisonnable
de leur être. L'homme raisonnable dans tout
son être seroit l'homme tolérant, l'homme parfait, le vrai sage dont on parle depuis trois
ou quatre mille ans sans l'avoir vu jamais.

Je n'ai point achevé l'histoire de la naissance de l'idée de *croire.*

La foi permanente suppose une stabilité dans les idées de notre croyance, qui nous les rend propres et comme *domestiques.* Il faut, pour bien croire, que les idées qui composent notre croyance soient en paix et en harmonie avec toutes nos idées habituelles. On se rappelle ce roi des Indes qui ne vouloit pas croire qu'il y eût de la glace en Europe, parce que cela contredisoit toutes ses idées sur la nature de l'eau. Il y a accord et dissonance entre toutes nos idées, et chacun a senti qu'on a des dispositions à croire ou ne pas croire telle chose dont on ne se rend pas raison. Cette disposition n'est que l'habitude d'une certaine harmonie établie dans l'ensemble de nos idées. On conçoit combien l'habitude de croire aux choses absurdes, donnée dans l'enfance, augmente la disposition à croire à d'autres absurdités.

Le mouvement ordinaire de nos opinions va par les idées associées, toujours en harmonie avec les sentimens par lesquels elles sont associées. Ces idées acquièrent une grande tenacié par l'habitude. De là vient que les hommes pauvres de pensées, toujours concentrés dans un petit nombre d'idées, seront plus fermes dans leur foi que les hommes à imagination qui auront la foi plus vive mais plus mobile peut-être.

On conçoit maintenant le prodigieux pouvoir de quelques principes bien raisonnés, placés comme des rochers au milieu de ces flots d'idées associées qui entraînent la vie des hommes vulgaires. La force psychologique d'un principe est dans le mouvement de l'intelligence toujours opposée au mouvement de l'imagination. Il n'y a point d'avenir réel pour l'imagination pure, qui, semblable à l'enfance, ne tire jamais des conséquences de ses idées ; au lieu d'avenir elle n'a que des rêves. Il n'appartient qu'à l'intelligence, c'est-à-dire à la réflexion, de tirer des conséquences, d'enchaîner idée à idée, et d'étendre le moment présent vers un avenir sans bornes.

Mais l'intelligence pure est aussi rare que l'imagination pure. La vie réelle de l'homme va d'un mouvement composé d'imagination et d'intelligence, d'habitudes et de réflexions, de sensibilité et de raison. Sentir juste et penser juste, voilà ce qui rend l'homme éminemment moral. Il faut donc pour arriver à quelque perfection morale, exercer l'imagination et l'intelligence, et tâcher sans cesse à trouver cette harmonie entre les facultés dont se compose le bonheur de l'homme.

Il ne suffit pas au bien de la société qu'un sentiment excitateur d'idées, avouées par la raison, porte la foi sur des opinions raisonnables. *L'intensité* du sentiment, et par conséquent la force de la foi, est une autre donnée très-importante au repos de la société et au bonheur de l'homme. Tel degré de sentiment moral ou religieux est bienfaisant, qui, poussé plus loin, ne l'est plus. Le sublime précepte d'aimer son semblable peut s'exalter jusqu'à ne plus permettre la punition des méchans, ou la défense de la patrie. L'amour pour les morts peut porter jusqu'au crime d'immoler des hommes sur le tombeau des personnes regrettées. L'usage des veuves de se brûler sur le bucher de leur époux, pratiqué dans l'Inde, repose sur un sentiment respectable poussé à l'excès. Chaque degré d'intensité d'un sentiment trouve dans chaque âme un cercle d'idées qui s'étend ou se resserre en raison de la force du sentiment excitateur ; et comme toutes les opinions ont des limites, au-delà desquelles elles ne sont que nuisibles, criminelles ou absurdes, on conçoit que tout sentiment excitateur de l'opinion rencontre dans sa marche un degré d'in-

14

tensité passé lequel il ne peut produire que du mal. Et si trop de foi à une opinion n'avoit d'autre inconvénient que celui d'allumer la haine contre quiconque ne pense pas comme nous, cet affreux produit qui a incendié la terre pour en faire un enfer, suffiroit pour nous faire sentir les dangers d'un sentiment qui appelle à lui le fanatisme et l'intolérance, toujours suivis de la stupidité et de la barbarie.

Un autre inconvénient à donner aux hommes, et surtout aux enfans, des idées absurdes, contraires aux lois de la nature, est celui d'étouffer chez eux dans sa naissance le goût de la raison et de la vérité. Une opinion exagérée ou fausse ne peut s'établir dans l'esprit sans y faire germer mille conséquences absurdes. Des absurdités une fois admises se prêtent aux raisonnemens réguliers; dès lors il s'établit dans l'âme un système de pensées fausses, qui par leur nature repoussent tout ce qui s'oppose à elles.

La raison emploie les matériaux qu'on lui présente, elle en forme des rapports, des principes et des conséquences, et tant qu'elle n'a pas sondé le principe sur lequel elle bâtit, l'erreur contenue dans ce principe lui échappe nécessairement. On sait que les fous raisonnent très-bien et très-juste sur les idées nées de lour maladie. Les hommes qui n'ont jamais remonté au principe de leur foi, ne peuvent être assurés de ne pas se tromper, même en raisonnant juste, c'est-à-dire conséquemment. Tant qu'on ignore si le principe sur lequel nos raisonnemens se fondent est vrai ou faux, on ne peut raisonnablement décider si l'on a tort ou raison.

De tout ceci résulte une grande vérité, c'est que les opinions les plus raisonnables deviennent fausses ou absurdes dans leurs conséquences sitôt qu'elles sont exagérées par le sentiment qui les inspire : de manière qu'une vérité morale, religieuse ou politique, cesse d'être bienfaisante et vraie aussitôt qu'elle est sortie des rapports qui la rendent salutaire (1).

____

(1) La confiance en Dieu est un bien, mais poussée jusqu'au fatalisme elle est un mal et une absurdité. Aimer ses ennemis est un bien, mais si ce principe s'étend, comme chez les Quakers, jusqu'à abandonner la défense de sa patrie, il est nuisible et criminel.

On ne prend pas garde qu'un sentiment en apparence toujours le même a des résultats différens et change presque de nature à chaque degré d'intensité qu'il éprouve, à peu près comme la corde d'un instrument de musique change de ton selon qu'elle est plus ou moins tendue. En sentiment nous voyons chaque degré d'intensité avoir son cercle d'idées, d'actions et

L'inestimable bienfait d'une religion épurée par la raison, c'est d'absorber la triste faculté de l'imagination de former des visions et de les consacrer par la foi, c'est-à-dire par le sentiment. Rien de plus difficile que tout ce qui tient à la police religieuse ; je ne vois qu'un remède aux maux de la superstition et de l'intolérance qui en est la suite, c'est de porter l'attention de la partie pensante de la

---

de rapports. Un peu d'amour produit tel assortiment de pensées et d'actions. Augmentez ce sentiment et le cercle des pensées et des actions changera aussitôt. La valeur des actions morales, religieuses ou politiques est dans un certain rapport de nous aux Hommes et aux choses qui nous touchent ; mais quand le sentiment qui nous fait agir augmente ou diminue, il nous déplace chaque fois en nous faisant sortir de tel cercle de rapports pour nous faire entrer dans tel autre.

Il ne faut jamais perdre de vue la grande différence qu'il y a entre les vérités morales et les vérités absolues ou logiques. Les vérités logiques contiennent tous les rapports dont elles se composent ; les vérités morales au contraire supposent des rapports et ne les contiennent pas. Deux et deux sont toujours quatre ; mais aimer les hommes n'est pas toujours un bien, parce que le devoir de les aimer suppose des conditions non contenues dans le rapport que le devoir de les aimer suppose. Le sentiment qui entre nécessairement dans la composition de ces vérités, les rend toutes hypothétiques.

société vers tout ce qui révèle l'homme à l'homme. La véritable lumière est dans la connoissance aprofondie de la nature même de l'être pensant.

Nos vieilles notions de psychologie semblent épuisées dans leurs résultats, et ce n'est qu'en les rajeunissant que nous pouvons espérer quelques progrès dans la morale. Etendre et perfectionner l'iustrument de la pensée c'est étendre toutes les sciences, en dévoilant les rapports qu'elles peuvent avoir avec le bien de la société, et la félicité ou le salut de l'homme. L'esprit humain est un miroir où la nature va se peindre. Agrandir et polir ce miroir, c'est enrichir et embellir la nature même, c'est étendre et perfectionner nos connoissances.

L'étude de la foi humaine, l'étude de ce qui fait qu'on croit ou ne croit pas, seroit un grand moyen de pénétrer dans les secrets des sentimens moraux. Tel degré de plaisir fait qu'on croit d'abord telle bonne nouvelle, tel autre degré fait qu'on a de la peine à y croire. On se croit aisément aimé lorsqu'on aime, mais bien souvent on ne sait pas être assez rassuré sur la vérité de sentiment qu'on désire. En politique, où l'on touche à des idées très-électriques, il y a mille nuances variables de foi, dont chacune est le résultat du jeu très-compliqué d'un grand nombre d'idées et de sentimens : de là vient que la parole exerce toujours un grand empire sur les idées politiques.

On peut augmenter et nourrir le sentiment comme on nourrit la mémoire, en l'exerçant. Mais cet exercice sentimental a deux grands inconvéniens. L'un est de dénaturer le sentiment, et l'autre est de le faire disparoître.

J'ai fait voir qu'il y avoit un rapport naturel entre tel sentiment et telle idée ; mais il faut ne pas oublier que chaque *degré d'intensité* dans chaque individu a ses idées de choix, de manière que, sans changer la nature du sentiment, il suffit de lui faire parcourir plusieurs degrés d'intensité pour lui faire traverser plusieurs sphères d'idées et d'opinions souvent très-opposées. Tel degré de foi en religion me rendra chers tous les hommes, et tel autre degré m'en fera brûler quelques-uns : tout cela selon les idées que je me trouve avoir.

Le trop grand exercice d'un sentiment peut avoir un autre résultat, celui d'user ce sentiment. Ceci explique l'inconstance naturelle d'un amour trop heureux, et l'incrédulité qui quelquefois succède à une piété trop ardente.

Souvent l'exagération du sentiment d'autrui

suffit pour faire disparoître notre sentiment.
Il y a plus de danger pour la durée de l'amour
à se croire trop aimé que trop peu. Des dé-
monstrations exagérées de douleur peuvent calmer tel degré de douleur et irriter tel autre. (1)
P Je reviens au mal qu'il y a à fixer la foi à des
idées fausses. Une erreur devenue principe
porte un grand désordre dans l'esprit. Ses conséquences sont nombreuses comme conséquences directes ; mais ce n'est pas là le plus
grand mal : une manière fausse de voir nous
rend incapables de sentir une foule de vérités.
La foi trop exaltée à des opinions bonnes en
elles-mêmes, produit un effet tout semblable
à la foi aux idées fausses ; et l'homme religieux devenu fanatique, ne sera pas moins
absurde que l'homme pénétré de faux principes; car il ne faut jamais oublier qu'en fait
d'opinion, il importe moins de chercher les

---

(1) J'ai fais voir qu'il y avoit trois foyers dans l'imagination, l'un placé dans le sentiment de nos besoins,
l'autre dans le sentiment du beau; enfin le troisième,
dans le sens moral. Ces trois principes, presque toujours combinés ensemble, se réunissent quelquefois,
comme par exemple dans l'amour. Leur influence
l'un sur l'autre, la variété de leur combinaisons et les
résultats de ces variétés feroient partie d'une théorie
des sentimens moraux, qui n'est que par fragmens
dans cet ouvrage.

conséquences logiques que les conséquences sentimentales, je veux dire qu'il faut avoir plus d'égards aux idées excitées par l'intensité du sentiment, qu'aux conséquences logiques d'un principe tel qu'on peut l'énoncer sur le papier.

Il y a dans l'Edinbourgh Review (1) l'explication du singulier phénomène qui nous fait voir les prêtres de l'Europe les ennemis constans des plaisirs et des amusemens, tandis que les prêtres de l'Inde en sont les plus ardens défenseurs.

« Quand les prêtres de l'Europe, dit l'auteur du Review, eurent senti l'impossibilité de faire croire que telles pratiques, indifférentes en elles-mêmes (1), offensoient la divinité (comme cela avoit réussi aux prêtres de l'Inde), on les vit chercher un autre expédient. Si l'on pouvoit faire croire au peuple, pensoient-ils, que Dieu est l'ennemi du plaisir, cette croyance nous donneroit des grands moyens de puissance. Les hommes sont tellement enclins au plaisir, que si l'on parvenoit à leur faire croire que d'aimer le plaisir c'est offenser la divinité, on ouvriroit par-là une source abondante de terreurs, qui deviendroit une source perpétuelle d'autorité pour nous. »

____

(1) Février, 1818.

(2) Comme de commencer à marcher du pied droit, etc.

Rien n'augmente l'autorité des foibles comme de multiplier la crainte, et rien ne multiplie la crainte comme de multiplier les défenses. Ce sont les défenses qui donnent le droit d'interpréter, celui d'absoudre, celui de dispenser, celui de faire payer, enfin celui de punir, et d'augmenter par des terreurs salutaires une autorité qui n'est fondée que sur la crainte. Il n'y a pas de pays où les lois défendent moins de choses que celui où elles sont le mieux exécutées, l'Angleterre; et jamais on n'a vu plus de lois qu'au temps de la révolution françoise, où elles étoient toutes violées. Plus les lois divines et humaines seront en harmonie avec la nature, et moins elles seront nombreuses; ce sont bien moins les défauts et les vices de l'homme qui ont multiplié les lois, que les vices et les défauts des législateurs.

CHAPITRE III.

Quelques aperçus sur l'origine de la morale.

La tâche de la morale est de soumettre le sentiment à la raison. Comment cette tâche se fait-elle ?

Le premier moyen social c'est la parole ; mais comment la parole fait-elle aller la société ?

Le singulier effet de *croire* à tout ce qu'un sentiment bienveillant nous inspire est un premier moyen de sociabilité, et ce moyen est dû au sentiment de bienveillance inné chez l'homme. Ce que les hommes nous disent nous le recevons presque toujours sans preuve. Quel supplice qu'une société où il faudroit prouver tout ce qu'on avance !

La foi suit les sentimens de bienveillance qui l'ont fait naître : c'est là le premier mouvement de sympathie qui fait aller la société.

Un autre moyen par lequel notre sentiment pour autrui influe sur nos idées, c'est lorsqu'un sentiment hostile nous fait rejeter toute croyance. Règle générale : l'imagination reçoit sans preuves et rejette sans preuves les opinions de ceux que nous aimons ou haïssons.

Plus le mouvement social est vif et varié, plus il se croise et se heurte, et moins il est possible de se livrer à son sentiment particulier. Nous voici arrivés sur le terrain de l'intelligence, où l'esprit, qui ne peut plus se livrer à son sentiment, est forcé de suivre les combinaisons de la prudence.

Une fois jetté dans le cahos, appellé société, où tous les sentimens et tous les intérêts se croisent, nous trouvons çà et là des points d'intersection où ces mêmes intérêts se réunissent. Suivez ces points de loin en loin, ils vous indiqueront les premières lignes d'un intérêt universel que vous appellerez bien public. Par exemple *respecter la propriété d'autrui* est une de ces grandes lignes qui sert de fondement à la justice.

Ces lignes, d'abord vagues et mal tracées, vous indiqueront des routes à suivre, et des règles de conduite à observer, qui deviendront la base de la justice, cette première des vertus sociales.

Une fois arrivé à ce premier aperçu, vous verrez qu'il y a telle règle que l'on ne peut violer sans détruire l'ordre social. Ces règles-là, une fois bien connues, composeront le code des *devoirs rigoureux.*

Comme nous serons choqués par toutes les violations des devoirs des autres envers nous, nous connoîtrons les devoirs d'autrui envers nous avant de sentir ce que nous devons nous-mêmes à autrui. Mais enfin avertis par les autres de nos propres transgressions, nous aurons le sentiment de la réciprocité des devoirs. (1) Ce sentiment éclairé par la connoissance

---

(1) On voit combien la morale a peine à naître dans les gouvernemes où quelques personnes peuvent im-

de la règle, nous l'appellerons *obligation*, parce qu'il oblige et *lie* notre volonté à la règle par un intérêt commun.

Nous voici arrivés au point de coincidence du sentiment avec la *raison*. La raison en morale n'est que la connoissance de la règle obligatoire, qui rend la société possible. Plus nos idées sociales se perfectionneront, plus nos rapports sociaux s'éclairciront, et plus ce code obligatoire, appellé *morale* ou justice, prendra de développement.

On voit que le sentiment marche partout en première ligne; mais comme il se trouve partout embarrassé par des sentimens opposés, il est obligé d'avoir recours à la raison.

Il ne faut pas d'abord faire de la raison une divinité. La raison a son enfance et ses erreurs; car elle n'est que la faculté de raisonner bien ou mal.

La raison en morale a une double source

---

punément violer les règles de la justice ; ce qui est le cas de tous les gouvernemens despotiques. L'homme n'apprend à respecter les droits d'autrui que lorsqu'il a le sentiment du besoin d'autrui. Chez l'homme qui sent qu'il peut se passer de tous, la justice n'est jamais qu'une vaine théorie destinée à céder à tous les mouvemens passionnés.

d'erreur. Elle peut se tromper en raisonnant faux, elle se trompe encore en sentant faux.

On a le sentiment faux comme on a l'oreille fausse, toutes les fois que notre sens moral ne nous fait pas sentir juste les sentimens des autres.

On peut donc en morale raisonner très-juste, c'est-à-dire, conséquemment, et se tromper dans l'application des principes, lorsqu'on supposera aux hommes des sentimens ou des besoins qu'ils n'ont pas. Dans nos raisonnemens moraux (la mineure) l'application de la règle est toujours un sentiment. Par exemple, la belle règle de ne pas faire à autrui ce qu'on ne voudroit pas qu'on nous fît, sera mal appliquée dans tous les cas où l'on ne sentira pas comme la personne à qui l'on fera l'application de la règle.

Nos idées morales sont des idées à deux faces; l'une portant l'empreinte d'une idée, l'autre celle d'un sentiment. Si le côté des idées l'emporte, l'âme suivra les lois de l'intelligence; si c'est le côté des sentimens, elle suivra les lois de l'imagination. On voit que nos décisions morales sont quelques fois des coups de dez où c'est tantôt le sentiment, tantôt les idées qui gagnent. Pour suivre à cette comparaison, j'ajouterai qu'un sentiment exquis joint à un esprit juste, fera les dez bien marqués. Mais que de gens ont des idées fausses et des sentimens faux, pour une personne qui a l'esprit juste, et le sentiment vrai, fin et délicat.

On voit combien en morale on a de raison pour être indulgent envers les autres, puisque faute de connoître le sentiment d'autrui, nul n'oseroit affirmer la juste application de sa règle, et que de plus un grand nombre de nos règles prétendues infaillibles ne le sont pas.

La morale a une double logique; l'une produit la conviction, l'autre la persuasion. La première est la logique bien connue des idées, l'autre la logique peu connue du sentiment. L'art oratoire se compose des deux logiques, de celle qui prouve, et de celle qui entraine. Dans sa perfection elle réunit les deux grandes puissances de l'âme, la faculté de penser et celle de sentir.

On voit bien qu'il ne suffit pas de *prouver* en morale pour entrainer. Les syllogismes les mieux en règle ne produiront aucun effet sur l'homme passionné, qui, à son tour, n'entrainera jamais l'homme qui ne sent pas comme lui. Ces deux hommes seront sourds et muets l'un pour l'autre.

La logique des idées repose sur l'évidence, et l'évidence suppose l'identité de deux idées. La logique des sentimens au contraire se compose de sentimens identiques ou harmoniques. Persuader quelqu'un, c'est l'amener à notre sentiment. Il faut donc chercher les lois de la persuasion dans la théorie des sentimens, qui contient les lois de l'attraction et de la repulsion sociales.

On voit qu'une bonne morale pratique suppose une bonne théorie des sentimens; elle suppose de plus quelque connoissance des lois de l'imagination qui font aller la presque totalité des hommes.

La morale étant le résultat, non de l'imagination seule, ni de l'intelligence seule, mais d'un état d'harmonie entre les deux faculté, son voit que l'état moral de l'homme suppose le développement harmonique de toutes ses facultés. Tout ce qui développe nos facultés sert à la morale, tout ce qui retarde ce développement, lui nuit.

C'est une grande absurdité de dire du mal de nos facultés mentales. Quelle pauvre manière de concevoir la morale que de la prendre hors de l'ensemble de l'homme et de ses rapports. La raison et l'imagination ne sont-elles pas toujours les mêmes, soit qu'elles fassent le bien, ou qu'elles fassent le mal. Est-ce contre le feu ou l'eau qu'il faut se fâcher lorsqu'il y a incendie ou inondation ? Que de talens nous avons en chimie, en mécanique, et dans la connoissance des astres, et que d'esprit nous n'avons pas dans ce qui nous touche de partout !

En supposant l'homme sans passion, il est aisé de faire un code de morale rigoureusement vrai, et toujours nul dans son application à l'homme sentant. Tout le monde sait que la ligne droite est la plus courte, mais chaque cocher sait que ce n'est pas par elle que l'on arrive.

La bonne morale n'est pas la législation d'une seule faculté de l'homme ; elle est le résultat des rapports de l'homme tout entier.

Il en est de la bonne morale comme de la bonne santé dont on ne parle jamais moins que lorsqu'on se porte bien. L'une et l'autre se gâtent par de mauvais remèdes. La médecine et la morale ont leurs charlatans, leurs magiciens, leurs escrocs, et leur grands hommes ; l'une et l'autre ne peuvent se perfectionner que par le mouvement général des lumières. La médecine de l'âme, comme celle du corps, n'est que l'application de quelques sciences, sans lesquelles elle n'est que du bavardage.

CHAPITRE IV.

Tout est lié par des rapports. Le bonheur résulte du rapport harmonique entre les sentimens et les idées.

On ne peut assez admirer les rapports établis par la nature entre les idées des cinq sens et la connoissance de l'univers, qui en résulte peu à peu. Il y a entre la nature de nos sentimens moraux et le bonheur des sociétés civiles des rapports non moins dignes de nos recherches.

Ce n'est pas l'homme qui a créé les rapports qui existent entre les sentimens moraux qui font aller la société; ces rapports sont inhérens à sa nature d'homme. Nous aimons et nous haïssons par des lois que nous n'avons pas faites. Les rapports entre les idées ne dépendent pas mieux de nous que les rapports entre nos sentimens moraux; deux idées données, leurs rapports seront donnés; comme aussi deux sentimens étant donnés, leur attraction ou leur répulsion est donnée aussi. Vous ne pouvez altérer les rapports entre les idées qu'en modifiant, c'est-à-dire en changeant ces idées mêmes ; et vous ne pouvez dénaturer les rapports entre les sentimens qu'en altérant ces sentimens. Vous ne pouvez m'apprendre à aimer l'homme que je hais qu'en altérant les rapports dont ma haine se compose, comme vous ne pouvez altérer le produit d'une addition qu'en changeant les chiffres.

Une théorie approfondie de nos sentimens nous fera voir qu'il y a dans la nature intime de l'homme un principe de développement tout calculé pour le bonheur de la société, de manière que du développement des sentimens se trouvera naître le bonheur de la société, comme du développement de la faculté de penser résulte la *connoissance* des objets extérieurs, et par elle la révélation de cet ensemble de rapports appelé univers.

Le besoin d'être en harmonie avec les sentimens des hommes avec qui nous avons à vivre est le grand ressort du développement des sociétés humaines. Notre clavier est calculé pour être en accord avec tous les instrumens qui composent l'harmonie ou la dissonance de notre être moral.

En réfléchissant aux singuliers rapports qu'il y a entre les sentimens et les idées, nous entrevoyons que ces rapports-là aussi sont préformés , et pour ainsi dire prédestinés à concourir à cette harmonie universelle par laquelle la nature semble appeler l'homme social à trouver son bonheur dans le bonheur de son semblable.

Il y a ici une remarque importante à faire : nous ne nous étonnons pas de trouver des rapports entre les parties qui composent le corps d'un même animal, ou d'une même plante. Nous trouvons naturel que l'étamine et le pistil soient faits l'un pour l'autre. La raison de notre peu d'étonnement vient de ce que, considérant d'avance une plante ou un animal comme un *tout*, nous nous attendons à y trouver des rapports; mais puisque la même intelligence qui a fait la plante et l'animal, a fait le reste de l'univers, il n'est pas plus merveilleux de trouver des rapports entre l'œil et la lumière qu'il ne l'est d'en trouver entre le sentiment que j'éprouve , et celui que je fais éprouver à autrui. L'univers est un *tout* aussi bien que l'animal et la plante sont des *touts*.

La liaison de toute chose n'est que ce que nous appelons le rapport entre ces choses , et c'est par ces rapports que les parties d'un même être font un *tout*. Cette vérité, aussi lumineuse que consolante, devroit enseigner à l'homme qu'il n'y a point de mort dans la nature, puisque tout y lié en avant comme en arrière des êtres.

L'œil ne fait, pour ainsi dire, qu'un tout avec la lumière, aussi bien qu'avec le système nerveux. Je ne fais de même qu'un *tout* avec l'être sensible dont j'éprouve les sentimens, et tout ce qui agit sur moi fait partie de moi-même. L'idée d'un *tout* n'étant que l'ensemble des choses qui forment un même rapport, tous les êtres compris dans un même rapport composent un même *tout*.

Ce qui circonscrit et isole les êtres dans l'esprit de l'homme, c'est le langage. Tout substantif est un être existant à part, circonscrit et isolé par sa nature, ce qui n'est point vrai dans la réalité.

Tout nous apprend au contraire que l'homme soutient des rapports avec tout l'univers, puisque l'idée de l'univers suppose l'idée de l'ensemble des rapports à la portée de l'intelligence humaine. Il ne faut donc plus considérer la vie humaine comme un fait isolé, mais comme la partie d'un tout immense, maintenu par des rapports aussi variés et aussi mobiles aux yeux de l'imagination que constans et immuables aux yeux de l'intelligence.

CHAPITRE V.

Il y a dans nos sentimens un principe de développement qui, combiné avec le développement des idées, tend à faire le bonheur des individus et des nations.

La série des phénomènes moraux conduit la pensée au grand principe d'un développement dans la faculté de sentir, inséparable du développement de la faculté de penser. Le résultat du développement harmonique des deux facultés, est le *bonheur*.

Il y a certainement un principe de développement dans les idées : les progrès des sciences et le perfectionnement des méthodes le prouvent.

Le principe de perfectibilité de la faculté de sentir est moins connu que celui de la faculté de penser.

Nous avons vu que l'homme, et sans doute l'animal, sont doués d'un organe fait pour éprouver les sentimens de leurs semblables.

Il y a plus ; un second instinct *combine* les divers sentimens dont nous sommes affectés, de manière à *produire des sentimens com-posés* qui, semblables aux accords et aux dissonances en musique, se présentent à l'âme comme agréables ou désagréables.

Un troisième instinct nous fait fuir les sentimens désagréables et rechercher les sentimens agréables. C'est là le principe de toutes nos actions sociales.

Mais nos sentimens, toujours liés dès leur naissance avec quelque objet ou idée, sont en réciprocité d'action avec ces idées. — Tantôt les sentimens subordonnés aux idées suivent les lois des idées, ce qui s'appelle suivre la *raison ;* tantôt les idées suivent les lois de la sensibilité, et l'on se trouve sous l'empire des *passions*.

Le bonheur, vers lequel tous les hommes tendent, n'est point un état fixe : il est le résultat de l'harmonie qui se trouve momentanément entre la faculté de sentir et celle de penser.

Plus ces deux facultés prennent de développement, et plus cette harmonie devient fréquente et durable. On conçoit que peu de sensibilité avec beaucoup de raison, et peu de raison avec beaucoup de sensibilité ne donnent pas un bon résultat. La perfection du rapport entre les deux facultés, qui constituent le bonheur, n'est pas aisée à trouver ; mais l'on y arrive naturellement par le développement même de ces facultés.

Le principe de développement, qui fait le bonheur de l'individu, fait aussi le bonheur d'un agrégat d'individus, appelé société, et le principe de perfectibilité que Dieu a placé dans l'individu, est le même que celui qui tend à civiliser les nations. Tout agrégat de parties homogènes, suivra les lois de ces parties. Les lois sociales ne sont donc que le développement des lois dont le germe est dans l'individu. La vie d'une nation est le résultat des rapports entre les individus qui la composent, et l'individu porte en lui le germe des rapports qui composent l'état social de la nation dont il fait partie.

Les lois du développement de l'homme supposent le développement harmonique de la faculté de sentir et de la faculté de penser. Les *sentimens* répandent du jour sur les idées, et les *idées* guident et protégent les sentimens en les mettant en harmonie avec les objets extérieurs. Tout cela s'opère par l'énergie de la vie spirituelle, qui tend sans cesse vers cette harmonie entre les sentimens et les idées qui constitue le bonheur de l'homme.

L'amour de la liberté n'est autre chose que le désir instinctif de vaincre les obstacles qui s'opposent à ce développement, et la science de la morale est la connoissance des lois de ce développement harmonique.

On peut donc admettre dans la théorie des sentimens, trois forces élémentaires.

1.º Une organisation capable de transmettre les sentimens d'une âme à l'autre.

2.º Un autre appareil dans la faculté de sentir qui combine les sentimens, que nous éprouvons, d'après les lois encore peu connues qu'Adam Smith a indiquées.

3.º Enfin un principe fondamental, qui sert de base aux deux autres, tend sans cesse au bonheur de l'individu par le moyen de l'harmonie qu'il cherche à établir entre l'imagination et l'intelligence, c'est-à-dire entre les facultés de sentir et de connoître.

Mais parmi tant d'instincts, quel sera le rôle assigné à la raison?

Je réponds que la raison joue le rôle d'un mécanicien qui combine les *forces qu'il a.* Ses combinaisons suivent les lois de ces forces instinctives, et ces mêmes combinaisons commandent à ces forces. L'homme ne crée rien, il emploie ce qui est. Quand on dit métaphoriquement que le génie crée, on veut dire que le génie combine de manière à produire des résultats inattendus.

En morale, les lois de la raison sont rigoureuses comme celles de l'arithmétique. Un calcul rigoureux m'apprend combien j'ai d'écus; mais ce n'est pas la raison, c'est la sensibilité qui fixe le taux de la monnoie que la raison calcule.

On voit donc que le bonheur n'est le résultat ni de la raison ni du sentiment, mais bien celui de la combinaison des deux facultés, comme Hume l'a très-bien senti. Je puis être pauvre en sentiment, et cependant être bon calculateur. C'est le cas des personnes très-raisonnrbles, mais douées de peu de sensibilité. Ces pauvres âmes ne font jamais qu'additionner des sous et deniers. D'un autre côté, si je me trompe en calculant des monnoies d'or, mes faux calculs auront pour résultats de grandes misères.

J'ai dit que ce qui est vrai de l'individu est vrai d'une nation. Le développement ou perfectionnement d'une nation, suppose, comme chez l'individu, le développement de l'imagination et de l'intelligence. Cela est tellement vrai qu'on a vu de tous temps les beaux-arts précéder les sciences et indiquer par-là que le développement de la raison suit celui de l'imagination.

L'instinct de la liberté politique ou nationale est le même que celui qui préside au développement de l'individu, que nous appelons *désir du bonheur*. La liberté ne veut rien de positif, elle ne cherche qu'à écarter les obstacles, qui s'opposent à ce principe central qui tend sans cesse au développemet de nos facultés mentales.

Si l'on pouvoit suivre de l'œil la construction de l'édifice social, on verroit les lois d'une rigoureuse justice servir de base à cette construction. On verroit l'homme purement sentant, froissé de partout par sa sensibilité même, s'adresser à la raison pour élever ces voûtes solides, ces soutiens majestueux, et ces vastes dômes qui forment l'immense édifice de la législation sociale, protectrice de l'homme. Là, tout est l'œuvre de l'intelligence, et la sensibilité n'y est pour rien, quoique tout soit fait pour elle.

C'est ainsi que l'abeille, pour loger son miel et sa postérité, construit sa merveilleuse cité d'une matière solide, destinée à conserver le doux produit des fleurs qui la font vivre, et à transmettre à tous les âges sa frêle postérité : le système social aussi n'est rien sans les soutiens solides de l'intelligence. Des lois émanées de la raison sont la sauvegarde du bonheur, mais ne sont pas le bonheur. Elles sont le soutien de la société, et ne sont pas le but de la société ; comme, dans la ruche de l'abeille, le magnifique édifice de cire n'est pas le but de sa cité, mais le moyen de conserver son miel et sa couvée.

Le résultat de tout ceci, c'est qu'en morale on doit tout faire pour le sentiment, et rien par le sentiment. Le grand secret de cette science, c'est de combiner tellement la faculté de penser avec la faculté de sentir que tout marche par les lois de l'intelligence sans jamais nuire à celles de la sensibilité. C'est ainsi qu'en musique tout marche selon des lois rigoureuses et abstraites, qui ont le plaisir pour résultat. Il en est de même du langage, qui, pour toucher le sentiment, doit marcher selon les règles de l'art, qui ne sont jamais mieux suivies que lorsqu'elles ne sont pas remarquées.

CHAPITRE VI.

Le monde moral et social sont mus par les lois de la sensibilité. Effets de l'ignorance. Intolérance. De l'amour du mystère dans les républiques.

L'organe imaginaire, où se passent les phénomènes nombreux de la sensibilité motrice de l'imagination, est ce qu'on appelle le *cœur*. On parle sans cesse du cœur, on le voit sans cesse en communication ou en opposition avec l'*esprit*, sans qu'on se soit avisé, en psycologie, d'approfondir des faits nombreux et presque continuels qu'on voit fourmiller dans nos discours. Ne semble-t-il pas que tout les phénomènes de l'être *sentant*, placés en-dehors de la police de nos logiques, soient des choses méprisables, indignes de nos recherches. On frappe du nom d'*imagination* tout ce fatras de faits inexpliqués; et comme il est convenu que l'imagination est une chose sans loi et sans règle, ce mot d'imagination explique tout ce qui est inexplicable.

C'est dans une bonne théorie des sentimens qu'il faut chercher désormais l'explication des faits qui nous font connoître l'homme *actif* et *social*.

Il faudroit classer nos sentimens, et surtout en étendre la nomenclature, il faudroit
porter un grand respect à tous les faits déposés dans le langage. Ces faits sont d'antiques
documens, toujours fondés sur quelque vérité.

On n'a qu'à réfléchir un instant à la prodigieuse composition du système nerveux pour
se convaincre de la prodigieuse variété de
phénomènes qui doit en résulter.

L'homme est sans cesse, et durant sa vie
entière, affecté de quelque sentiment. Mais
quoique rien ne soit plus variable que les phénomènes du cœur, je suis bien persuadé qu'on
trouveroit des règles invariables à tous ses
mouvemens.

Plus on approfondit les lois de l'imagination,
et plus on les voit à découvert dans la musique. Je suis convaincu que les lois des sentimens agréables, se rapprochent des lois de
l'harmonie musicale. Chaque sentiment a son
ton fondamental, son *allegro* ou son *grave*,
ses *longues* et ses *breves*, ses *forté* et ses
piano, enfin sa *mélodie*. Toutes ces règles
seront toujours subordonnées à un sentiment
central, source de cette *unité* qui donne le
ton à tout ce qui est destiné à plaire. En sentiment, comme en musique, il y a des dis-

sonances agréables ; en sentiment comme en musique, on revient quelquefois à une même idée, appelée *motif*, et la manière d'y revenir est un des plus puissans moyens de plaire. L'*à propos* fait loi partout.

Mais l'étude de nos sentimens est bien plus étendue que celle de la musique. La musique se tait lorsque l'air est fini ; il n'en est pas de même dans la vie sentante. Après l'harmonie viennent les dissonances, qui ont aussi leurs lois. Dans la théorie des sentimens, l'étude des dissonances est de la plus haute importance. Elle est plus féconde en vérités pratiques que celle des accords ; mais rien n'est plus difficile que d'étudier les dissonances dans soi-même , parce que le premier effet d'un sentiment pénible est un *trouble* où l'on a peine à distinguer quelque chose. Il faut donc suivre les sentimens dans autrui. Suivez l'homme froissé dans son amour-propre , et voyez comme il va et vient pour se replacer dans l'opinion qu'il avoit de lui-même. Etudiez la douleur dans toute sa pureté, et voyez que de douleur factice il y a dans les douleurs auxquelles le public prend part. La vanité s'allie très-bien avec une petite douleur ; l'exagéra- tion de ce qu'on dit aux affligés, et l'ennui des soi-disantes consolations servent à appaiser la douleur. Rien ne calme un sentiment comme l'exagération ou la caricature de ce sentiment.

Les sentimens pénibles qu'on nous fait éprouver peuvent souvent devenir d'utiles leçons. Suis-je ennuyé par quelqu'un, je cherche à savoir précisément pourquoi j'ai été ennuyé, souvent la cause en est en moi-même. Si elle est dans autrui, je cherche à arriver à quelque loi générale, et cette loi est une des lois de l'imagination. Ce travail achevé, il est utile de se scruter soi-même pour savoir si l'on n'a pas quelque chose du défaut qui nous a blessé.

Je suis sans cesse choqué par l'intolérance des hommes, et moi-même je n'ai pu trouver aucun moyen de corriger la mienne. L'opinion même de la tolérance est souvent intolérante, et c'est le grand apôtre de la tolérance, Diderot, qui m'a dit : que *les ennemis de la tolérance mériteroient le feu et la corde.* Je n'ai trouvé qu'un remède pratique à l'intolérance, c'est de s'accoutumer à attacher dans le monde peu de prix à l'opinion d'autrui et aux siennes propres. Il faut voir voler les opinions des hommes comme des moucherons, et n'attacher que peu de valeur à celle qu'on livre soi-même au commerce journalier des hommes.

L'habitude d'une pensée forte et profonde nous fait sentir le vague de la plupart des opinions émises dans le monde. Presque toutes sont l'ouvrage du sentiment, et du sentiment du moment. Ces opinions, souvent mal énoncées, et plus souvent peu réfléchies, sont encore plus mal comprises, et toujours appréciées d'après notre propre sentiment, plutôt que jugées par notre raison.

Tous ces moucherons n'ont d'autre importance que celle que nous leur prêtons, et ce n'est jamais dans le monde qu'il faut chercher de véritables lumières. Le monde nous enseigne à connoître les hommes avec qui nous vivons, et non ce que nous devons croire ou rejeter sur les choses mêmes. Il y a plus ; cette disposition de l'esprit qui nous empêche de nous appesantir et de nous alourdir sur nos opinions, nous donne dans la conversation le très-grand avantage de conserver cette liberté d'esprit qui permet de voir au-delà de notre opinion. Voulez-vous défendre votre sentiment, cette même indifférence qui vous laisse voir le terrain sur lequel vous êtes, vous donne un prodigieux avantage sur les hommes qui ne voient qu'une idée. Dans les combats qu'on se livre dans la conversation, la victoire est presque toujours à l'homme d'esprit qui conserve son sang-froid et sa réflexion. Tout ce qui est repartie suppose ce sang-froid, et tout ce qui est raison le suppose encore. Ces conseils que je donne ici, ne sont malheureusement sentis que par les hommes qui n'en ont pas besoin.

Les hommes bornés et lourds, les hommes à une seule idée, les hommes vains, haineux, importans, toute la morgue doctorale et magistrale, qui se croit partout dans son tribunal ou dans sa chaire, toute cette tourbe vulgaire est condamnée à être intolérante. C'est elle qui incendie les nations, et qui, souvent, à bonne intention, évoque tantôt le fanatisme religieux, et tantôt le fanatisme politique, et souvent l'un et l'autre à la fois.

Il est important de savoir ce que l'on doit entendre par cette indifférence que je voudrois attacher aux opinions émises dans le monde. Ce qui excite le zèle des intolérans, c'est la conviction qu'ils ont raison, et que leurs adversaires ont tort. Si les principes exposés dans cet ouvrage étoient une fois adoptés, on verroit que l'assentiment passionné qu'on donne à ses propres opinions ne tient point aux *idées* qu'on a , mais au *sentiment* qu'on y attache.

Sous ce rapport, il ne faut pas plus disputer sur les opinions que sur les goûts. Il y a des milliers d'années qu'on dispute sur la religion sans avoir convaincu personne, et sans cependant avoir renoncé à la rage de convertir ses adversaires. Voyez l'affreux résultat de ces controverses. Il semble qu'une très-petite dose de raison , avec la grande dose d'expérience que nous avons, devroit suffire pour en guérir les hommes. Mais tant que la morale n'aura pas pour appui quelque principe évident sur la nature de notre être, on ne se corrigera pas.

L'importance que je mets à une opinion , tient au sentiment que j'y attache, et nullement aux idées que j'émets. Quand Diderot vouloit faire brûler les intolérans, ce n'étoit pas comme conséquence de son opinion, mais comme colère. Plus je suis ému par l'opinion que je défends , et plus je dois me défier de moi-même et chercher à me calmer. Voilà sous quel point de vue il faut envisager ses propres opinions. Il suffit de la plus légère réflexion pour jeter quelque doute sur sa propre croyance. Que de millions de sentiers n'y a-t-il pas sur la route de l'erreur! Quel homme éclairé est sûr que l'opinion, toujours un peu irréfléchie qu'il émet dans la société, sera la seule vraie? Qui lui dit que l'idée qu'il combat, il l'a bien comprise, et que la haine qu'il porte à telle opinion est bien méritée? Qui enfin ne frémira pas de se sentir att ... nt de cette flamme d'intolérance, qui, durant tant de siècles, a fait le malheur des hommes et des nations? La première étincelle de cet enfer qui a incendié la terre, n'est-ce pas, me dis-je, ce même feu que je sens au-dedans de moi lorsque je hais l'adversaire de mon opinion? Qui, à la vue de ces terribles vérités, ne se méfiera pas de soi-même? Qui ne verra pas que ce qui est véritablement dangereux dans une controverse, est bien moins dans l'opinion que l'on combat que dans le sentiment d'intolérance qu'on éprouve pour qui ne pense pas comme nous?

L'intolérance des opinions est, on le sent, un grand obstacle à la libre circulation des idées, laquelle suppose nécessairement la libre circulation des erreurs.

Si la défense d'émettre sa pensée est le fléau de ce qu'on appelle la société (où l'on est supposé parler d'égal à égal), combien la crainte de blesser l'homme en place, peut-être le souverain même, combien cette crainte n'arrête-t-elle pas le mouvement des idées ! Qu'arrive-t-il de cette gêne universelle ? Il en arrive que l'homme modéré, timide peut-être, se tait ; et que l'homme passionné, vain, audacieux, l'homme qui ne sent les conséquences de rien, est le premier à parler au public. Quand il est question de combat, il est naturel que le plus passionné se place au premier rang. Dès-lors toute discussion paisible disparoît, et au lieu de lumière vous avez un incendie.

Avez-vous une fois arrêté la pensée, sa liberté devient de plus en plus difficile. Vous avez d'abord arrêté votre ennemie comme suspecte, bientôt il faudra l'enchaîner comme irritée. Qu'en arrivera-t-il ? Le gouvernement se fâchera de plus en plus. Ses torts redoubleront. Comment permettra-t-il alors de parler librement ?

Suivons cet état de choses dont on voit mille exemples. Le gouvernement est-il irrité contre son peuple, le peuple l'est-il contre son gouvernement, alors seulement quelque livre prend une importance qu'il n'auroit jamais eue sans vos défenses. Si dans le principe vous avez peur des livres, est-il sage de leur, créer une importance qu'ils ne peuvent avoir dans un système de libre discussion? Vous craignez un ennemi qui parle, n'avez-vous donc rien à redouter de l'homme qui se tait, de l'homme qui se plaint du mal que vous lui avez fait, et qui ensuite vous hait pour l'avoir rendu muet?

L'amour du mystère dans les petites républiques, est né de l'intolérance des foibles, qui cherchent à dérober la vérité, qu'ils ne se hasardent pas de défendre. J'avoue que ces larcins réussissent merveilleusement. C'est un objet digne de l'attention du législateur, de voir jusqu'à quel point, en séparant par le mystère les gouvernans des gouvernés, l'administration réussit à se rendre invisible.

Les affaires publiques sont un labyrinthe pour qui n'en tient pas le fil. Le public a-t-il une fois cessé de suivre le gouvernement dans sa marche, il la perdra bientôt de vue. Dès-lors les gouvernans et les gouvernés feront deux classes d'hommes dont l'une se placera sur les épaules de l'autre. Dans les petites villes, cette distinction sera sentie partout et à toute heure, et comme il seroit humiliant de descendre d'une classe dans l'autre, les gouvernans mettront tout en œuvre pour perpétuer leur puissance. Mais dans toute espèce d'aristocratie ce n'est jamais que par l'intrigue que l'on parvient. Le mérite ne réussit que là où il y a une chose publique et une reconnoissance publique ; mais là où la chose publique est voilée, où l'intérêt particulier peut tout, il faut bien s'adresser à lui pour réussir.

Les républicains parlent quelquefois avec mépris des courtisans des rois (1), mais les courtisans dans les républiques, que sont-ils donc ? Il y a quelque gloire à réussir sur un grand théâtre, mais dans les petites républiques et les petites villes, quelle gloire y a-t-il de passer sa vie à flatter des hommes sans goût, sans agrément, et souvent sans mérite ? Car ce n'est que ceux-là que l'on prend par la flatterie. Qu'on ne s'y trompe pas : l'homme

---

(1) Un des bons effets d'une constitution est de faire disparoître les courtisans. Le langage a fait justice de ce vil métier, en créant le mot de *courtisane*, qui peint à la fois toute la race de ces corrupteurs. Dans les pays où les hommes en place, sont obligés d'avoir du mérite, la race des flatteurs ne sauroit prospérer. Ces productions parasites disparoîtront en France à mesure que la Constitution viendra à s'y développer.

vertueux, l'homme capable de sentir quelque élévation dans son âme, et d'attacher quelque prix à son temps, sera le premier à souffrir d'une vie courbée devant la médiocrité, toute dépensée dans une oisiveté tracassière, où il n'y a ni vertu ni jouissance. Dans la meilleure aristocratie j'ai vu des hommes vertueux placés à la tête de la république, passer la moitié de leur vie à flatter des hommes qui ne les valoient pas, afin de conserver un crédit toujours prêt à être filouté par de plus intrigans qu'eux. Valoit-il la peine de se séparer de ses concitoyens pour arriver à de si tristes résultats !

La véritable gloire, le véritable bonheur, dans les petits comme dans les grands états, est de livrer son temps et sa vie, non à l'intrigue, mais à la chose publique, et cette chose publique où existeroit-elle, si ce n'est là où tous les hommes prennent quelque intérêt à ce qui les touche tous, et où l'intérêt public loin d'être voilé devient un centre de lumières !

Dans les pays où les gouvernans se séparent des gouvernés par le secret, bientôt on viendra à haïr les hommes capables de percer ces mystères. On prendra donc en guignon les personnes les plus clairvoyantes, et voilà une seconde distinction établie dans la république, celles des hommes puissans et des hommes éclairés. Et comme il faut toujours un effort pour élever sa pensée, rien ne sera plus aisé dans les petites villes que d'arrêter toute élévation de la pensée. Dès-lors quel repos plein de délices chez tous les hommes médiocres ! Ces hommes prendront, de bonne-foi, pour du talent la facilité qu'ils trouveront à gouverner, et l'absence de toute objection, c'est-à-dire , un sommeil universel, sera à leurs yeux , l'incontestable preuve de leur mérite , et l'infaillible symptôme de la félicité publique.

Quel triste spectacle que celui que présentent ces petites villes , où quelques magistrats bien importans se pavanent au milieu de l'ignorance et de l'apathie dont ils aiment à s'entourer. Et tel est cependant le paradis réservé aux gouvernemens qui par instinct aiment le mystère , comme l'oiseau des ténèbres aime les donjons obscurs des nobles et silencieux châteaux (1).

____

(1) Voyez la comédie de Kotzebue, intitulée : La petite Ville ; lisez le charmant roman : Les Abdérites de Wieland. Tous ces tableaux ont été faits d'après nature. Que de petites républiques ont péri en Allemagne, que personne n'a regrettées !

Pourquoi tous les hommes éclairés demandent-ils une représentation nationale, si ce n'est parce qu'on a vu que de fermer la bouche aux hommes n'étoit pas le moyen de savoir ce qui pouvoit leur convenir. L'intérêt particulier est mauvais lorsqu'il s'isole, mais, pris en masse, il est l'intérêt public, et la chose publique. Comment connoître l'intérêt de tous, là où nul n'ose parler, là où nul n'est interrogé ?

Pourquoi les pays à opposition sont-ils les mieux gouvernés, si ce n'est parce que le gouvernement y est obligé à de grandes lumières et à de grands efforts pour se maintenir. Mais ces lumières ne naissent jamais que des obstacles qu'on leur oppose. Donnez aux rois d'Angleterre de notre siècle les ministres de Jacques I.ᵉʳ et de Charles I.ᵉʳ, et vous les verrez bientôt retomber de cette étonnante hauteur où l'opposition les a placés. N'est-ce pas à la Charte et aux amis de la Charte que la France doit les ministres qui la gouvernent aujourd'hui ? (1).

La séparation entre les gouvernans et les gouvernés a deux résultats ; l'un de rendre

____

(1) En 1817 et surtout en 1819.

pou à peu les gouvernés ignorans, insoucians sur les affaires publiques, indifférens pour la patrie ; l'autre d'en faire les ennemis de la classe régnante et par conséquent ennemis du gouvernement.

La bonne aristocratie seroit celle où les hommes les plus vertueux et les plus éclairés seroient à la tête des affaires. Mais comme le secret de ce triage n'est pas donné aux hommes, il faut corriger par la publicité ce que les mauvais choix ont de défectueux.

Il semble, au premier coup-d'œil, qu'il seroit aisé d'arranger les choses de manière que les gouvernés fussent occupés de leurs affaires, et les gouvernans des leurs. Mais comme ce qu'on appelle gouvernement touche à tous les intérêts, à toutes les opinions et aux affaires de chacun, on ne peut jamais séparer les affaires des particuliers des affaires publiques, qu'on n'appelle publiques que parce qu'elles sont l'ensemble des intérêts de chacun. Fera-t-on une mauvaise loi ? les sujets éclairés en seront blessés. Que s'ils préferent le repos à la résistance, ils viendront à éloigner leur cœur de tout intérêt public. Une tiédeur universelle, puis une stupeur universelle produiront enfin cette langueur, et cette indifférence à la chose publique, qui est l'avant-coureur de la mort de l'Etat.

Que si au lieu de cette indifférence, les infaillibles fautes du gouvernement produisent la haine ; cette haine, d'abord sans effet, se concentrera peu à peu comme le fluide électrique, et les gouvernans et les gouvernés, qui, au lieu de se communiquer et de s'entendre, auront vécu séparés l'un de l'autre, seront comme deux nuages électriques, où la moindre étincelle produit la détonnation. Beau résultat du mystère, de conduire à la nécessité d'opter entre l'imbécillité universelle et la haine publique !

Plus un gouvernement est isolé par sa constitution, plus il doit se rapprocher des gouvernés par la publicité, et par des communications franches et continuelles. Si les hommes placés au-dessus de l'envie, si les rois sentent la nécessité de s'entourer de lumière, et d'ouvrir à la vérité des routes constitutionnelles, comment des hommes toujours enviés ne sentiroient-ils pas cette nécessité ?

CHAPITRE VII.

De la marche des idées nationales et de la formation de l'opinion publique.

La vérité scientifique a chez l'individu, comme chez l'homme pris en masse, une marche toute semblable. L'individu et le public s'instruisent et se trompent de la même manière, et la marche des idées en masse et la marche des idées des particuliers qui composent le public, me paroît toute semblable.

Une analyse lente et continuée fait, chez les nations libres et chez les individus, germer les idées, comme un beau jour de printemps fait germer les plantes. Ces idées, nées de l'analyse, sont peu à peu communiquées public par une espèce de synthèse (1).

———————

(1) Ne disons pas toujours du mal des Allemands. Kant et Garve ont ce me semble bien défini l'analyse et la synthèse, quand ils ont dit : que l'analyse suppose l'attribut placé dans le sujet, tandis que la synthèse le suppose en dehors du sujet. C'est à démêler l'attribut dans le sujet que tend la méthode analytique, c'est-à-dire *décomposante*, et c'est à rapporter l'attribut au sujet que tend la méthode *recomposante*, ou synthétique.

La méthode analytique est la seule méthode d'in-

Il n'en est pas de même de la formation
des vérités morales. Les opinions populaires
morales ne se forment pas à la manière des

---

vention. La raison en est : que nos connoissances sont
dans leur origine contenues comme un germe dans
des sensations très-composées et très-obscures. La pensée (loin de commencer comme dans les statues de
Bonnet et de Condillac par des idées simples ajoutées
l'une à l'autre), se trouve renfermée dans des sensations
complexes et très - confuses, qui ne se développent
que peu à peu. Toutes les lumières sont contenues
dans ces germes nés dans la sensation. On conçoit
qu'il faut une méthode décomposante pour délier les
parties enveloppées dans des conceptions confuses. L'idée
développée par l'analyse est développée comme le
germe par une force inhérente à sa nature, tandis
que les connoissances qui nous arrivent du dehors
(par la synthèse) ne sont plus le résultat pur d'un développement spontané. Les idées étrangères, arrivées
par la parole, pour être bien comprises sont bien obli-
gées de s'assimiler à notre âme ; mais leur énergie est
rarement aussi grande que celle des idées développées
spontanément. Voyez le temps qui s'écoule avant que
des vérités bien prouvées, soient saisies et adoptées par
le public. La raison en est simple, le public n'attache
pas le même sens aux mots que le savant ; l'ordre et,
pour ainsi dire, la végétation des idées du public ne
sont pas assimilées aux pensées de l'homme supérieur
créateur des lumières. Donner au public ignorant des
idées d'un ordre relevé, c'est greffer un arbre en germe.

vérités intellectuelles. L'opinion, qui commande aux hommes et aux nations, se forme et se déforme suivant les lois des sentimens moraux. Les *idées* nationales, répandues et flottantes dans l'univers moral, semblables aux atomes d'Epicure, sont attirées ou repoussées suivant les lois de la sensibilité, et l'assemblage d'idées (l'opinion) qui en résulte, est toujours l'ouvrage de la faculté de sentir plutôt que de celle de penser.

Qu'on vienne de nos jours à discuter quelque événement politique. Voyez comme les divers sentimens des discutans s'exercent sur les faits en question : chacun en relève et en efface quelque partie selon le sentiment qui le domine. Les faits mêmes ne sont qu'une pâte que chacun travaille forme et arrange à son gré. Dans la lutte de sentimens, opérée par la discussion, on voit les élémens de la

---

Il faut, pour être compris de quelqu'un, que les idées de ce quelqu'un soient en rapports avec les idées qu'on veut lui donner.

Les vérités sont toujours des rapports. Quand un des termes du rapport manque, l'autre terme qui nous arrive du dehors, est sans résultats. Voilà pourquoi les idées des hommes supérieurs ne peuvent être comprises par les hommes vulgaires.

croyance (les idées) attirés ou repoussés par les sentimens, produire en résultat ce qu'on appelle une *opinion*.

L'opinion publique est, comme on voit, le produit de l'action combinée des sentimens et des idées de chacun. L'influence que la réflexion exerce sur elle est tellement importante, que l'opinion devient enfin le moule des lois et des institutions nationales, et fait par conséquent la destinée des empires.

I. Les idées ont une influence directe sur le sens moral d'où émanent les attractions et répulsions morales ; et les premières opinions influent sur celles qui vont suivre. Le sens moral, tout comme la raison ; ne porte de fruit que dans son développement. C'est par de fréquentes comparaisons que les sentimens moraux se forment, et l'homme sensible, éprouvé par le frottement social, aura un *tact moral*, tout autrement exercé que l'homme grossier, toujours livré à des sensations matérielles. Que cet homme grossier vienne à éclairer son esprit, son cœur s'en ressentira aussitôt. Il deviendra peu à peu capable d'éprouver des émotions généreuses et des pensées élevées, qu'il n'eût jamais connues sans les lumières de l'esprit.

Telle est l'influence indirecte que les idées exercent sur le *sens moral*, qu'elles accordent, pour ainsi dire, cet instrument comme le musicien accorde son piano avant d'en jouer.

II. Le sens moral se trouvant préparé d'avance par le mouvement social, alors seulement la raison y exerce une grande influence. Chez le sauvage, toujours passionné, la pensée n'a que peu d'empire. L'opération lente des idées sur le sentiment, et du sentiment sur les idées, se fait surtout dans le calme du cœur. L'homme, qui réfléchit aux idées morales, croit ne faire que penser, tandis qu'en réalité il arrange non-seulement ses idées, mais encore ses sentimens. L'heure de l'action est-elle venue, il n'est plus l'homme qu'il étoit avant d'avoir réfléchi.

III. On aime et l'on hait par sentiment; mais le sentiment, toujours lié à un *objet*, c'est-à-dire à une *idée*, se trouve par-là associé aux grandes lois de l'intelligence. L'homme éclairé par le cœur et par l'esprit, n'aime plus à la manière de l'ignorant, il ne veut plus ce qu'il vouloit au temps de son enfance morale. Ses opinions se sont épurées avec ses idées. Ces changemens influent à leur tour sur l'organe moral, de manière que l'attraction de cet organe n'est plus la même. C'est ainsi que nous voyons en chimie une première attraction former tel composé, qui exerce dans la suite des attractions conformes à la nature de sa composition. Nous naissons avec un organe moral comme nous naissons avec une constitution physique. La nature nous donne l'un et l'autre, mais le frottement de la vie les altère ensuite à n'être presque plus reconnoissables.

L'opinion publique est le produit sommaire de l'action des sentimens de chacun sur les idées dominantes de la société. Les *idées* sont à l'opinion ce que les élémens sont à la matière. Les élémens constituent ce qui fait la substance des corps, mais la *forme* des corps est due aux attractions chimiques des élémens comme la forme de l'opinion est due à la sensibilité motrice des idées.

On voit combien il importe à l'opinion publique (qui fait la force ou la foiblesse des États) que chaque membre de la grande société sente et pense juste, puisque chacun contribue à l'opinion totale, qui, à la longue, fait la destinée des nations.

Pour opérer le meilleur résultat en opinion publique, il faut trois choses : 1.º Que l'opi-

nion publique soit éclairée. 2.º Il faut que
les parties qui la composent soient conson-
nantes ou harmoniques; et 3.º Il faut qu'elle
pénètre toutes les classes de la société.

On connoît la prodigieuse force de résistance d'une nation, où une opinion éclairée
pénètre à la fois toutes les classes, comme en
Angleterre, où, malgré le choc de quelques
sentimens opposés, tous les hommes se trouvent d'accord sur les grandes bases de la prospérité nationale. Dans un tel Etat, les discus-
sions politiques sont bien moins des combats
de principes que des exercices salutaires à
des principes qui s'électrisent par le frottement, et se consolident par les obstacles.

Rien de plus faux que de croire à l'immu-
tabilité des maximes politiques. Les maximes
des gouvernemens ne sont jamais assez abstraites pour n'être pas altérées par l'allure
variée de la vie; et c'est à marcher avec les
événemens, sans être entraîné par les événemens, que consiste le grand art de gouverner.
Les vérités absolues immuables sont de peu
d'effet dans la politique. Voyez comme les
républiques vermoulues sont tombées devant
la révolution pour n'avoir jamais modifié leurs
maximes d'après la marche du temps et des
choses.

Si l'harmonie des idées est nécessaire à la force publique, on voit combien il seroit malheureux que des opinions dont le bienfait seroit étranger à l'État, fissent partie de l'organisation sociale. Si ces opinions avoient leur principe et leur intérêt hors de l'Etat, il s'établiroit bientôt des rivalités entre les lois de la patrie, et les lois étrangères à la patrie; et cette rivalité auroit pour résultat d'altérer l'intérêt public par des opinions toujours aux prises avec cet intérêt.

On voit le grand bienfait d'une constitution représentative qui, en rapprochant tous les sentimens et toutes les pensées dans un même cadre, présente au souverain le tableau de l'opinion publique. Dans les Etats libres cette opinion fait la force publique. Le gouvernement qui connoît cette opinion, et qui sait agir pour elle et par elle, est le seul gouvernement à la fois fort et bienfaisant. Mais l'opinion, pour cheminer avec les événemens, ne doit point être stationaire. Elle ne peut pas l'être puisque l'un de ses élémens, le sentiment, ne l'est pas. Voilà pourquoi, dans tous les gouvernemens, il faut une opposition. C'est l'opposition qui prévient le *repos* des idées, qui n'est autre chose que la mort des idées. Ne faut-il pas que la pensée, qui doit guider les événemens, aille de pair avec la marche des événemens ?

CHAPITRE VIII.

Marche de l'opinion dans un corps politique permanent. Ses effets. Différence entre opinion et principe.

Je dirai un mot sur la manière dont l'opinion se forme dans les corps politiques permanens.

La force d'une opinion dans les sénats se compose de trois élémens. 1.° Du nombre des sénateurs qui ont la même opinion. 2.° De l'intensité du sentiment attaché à cette opinion. 3.° Du poids personnel que chaque magistrat se trouve avoir, soit par sa charge, soit par son autorité ou son mérite, etc.

Est-on unanime dans le sénat ? Alors toute discussion cesse à jamais, et toutes les objections qu'on pouvoit se faire sur le décret rendu, sont comme anéanties. La pensée, je veux dire le doute, se sépare de l'opinion, et l'âme se paralyse dans ce point. Si quelque idée contraire à l'opinion du sénat venoit à la choquer, ce ne seroit pas la raison mais l'humeur qui viendroit la défendre.

Voici le résultat de ce maximum de foi. Règle générale. Les *conséquences* d'un principe s'étendent en raison de *l'intensité* de ce principe. L'inquisition est bien décidée à brûler les hérétiques : c'est son devoir comme le devoir du tigre est de dévorer; mais chaque inquisiteur étendra le cercle de sa dévastation en raison de l'intensité de sa foi; le très-croyant tuera plus de monde que le moins croyant. Dans les questions purement civiles, le principe prend de la latitude dans ses applications, en proportion de l'intensité du sentiment qui l'a dicté. Le sénateur, très-ennemi des accapareurs, verra des accapareurs partout, et ses ravages dans le commerce s'étendront en raison de l'intensité de sa foi. Il en est de même de la peur d'une révolte, le nombre des coupables sera plus grand aux yeux du sénateur poltron qu'aux yeux de celui qui a le sentiment de ses forces. Règle générale : Plus un principe est pauvre dans les faits dont il est l'abstraction, et plus il s'étend dans ses applications. Il s'étend donc en raison de l'ignorance du magistrat, et cette ignorance est partout où il y a absence de pensée.

Les conséquences de ces faits sont innombrables. Dans les petites villes aristocratiques, où rien ne résiste à l'opinion magistrale, cette opinion finit par envahir la pensée même. La peur de parler, et bientôt la peur de penser autrement que la toute-présence du sénat, paralyse les âmes. La peur ne se concentre pas dans son objet seulement, elle se porte même sur ce qui n'est pas cet objet. Celui qui a peur des revenans voit des revenans partout, car rien n'est plus indéterminé que l'effet du sentiment sur les idées; cet effet s'étend ou se resserre selon l'intensité du sentiment. Il s'étend encore selon l'analogie que les objets ont entr'eux. Il y a tel degré de peur qui, la nuit, transforme en spectres tous les objets blancs; bientôt tout ce qui n'est pas noir s'établira spectre dans l'idée de ceux mêmes qui n'avoient pas de foi aux revenans, mais qui se laissent entraîner par l'opinion.

On voit le danger qu'il y a pour tout sénat souverain, régnant sans contrôle, de rétrécir et de paralyser non-seulement ses propres pensées, mais de porter la mort sur les pensées de tous ses subordonnés; et c'est ce qui arrive à tout pouvoir exécutif qui n'a aucun compte à rendre et aucune opposition à surmonter.

J'ai supposé l'unanimité du sénat. Voyons ce qui résulte de sa non-unanimité. Avant le décret rendu, l'opinion divergente en deux sens opposés présentoit une grande latitude à la pensée. Mais le décret une fois rendu, l'opinion se concentre dans l'énoncé du décret. Qu'en arrivera-t-il ? Cette opinion, d'abord tempérée par la divergence des avis, finira par envahir la foi de ceux des sénateurs qui, dans l'origine, étoient d'une opinion contraire. Les sénateurs, d'avis d'abord opposés au décret, se lassent de se sentir battus, et finissent par adopter les principes du plus fort. Dès-lors, les conséquences du principe s'augmentent avec l'intensité d'une opinion devenue tacitement unanime, et si ce principe tient au code pénal, le nombre des coupables croîtra par l'absence du doute et par l'inertie d'un principe jamais contrôlé.

Il faut bien distinguer entre opinion et principe. L'opinion est le produit d'un sentiment, elle n'est qu'une association d'idées, par conséquent l'œuvre de l'imagination ; le principe, au contraire, est le produit de l'entendement, c'est la généralisation de faits bien observés. L'opinion s'étend ou se resserre selon l'intensité du sentiment qui a produit l'association des idées dont elle se compose, tandis que le *principe* ne dépasse jamais les faits dont il est la généralisation. Nos idées morales et politiques, toujours placées plus ou moins sous l'empire de la sensibilité, tiennent, pour ainsi dire, le milieu entre l'opinion et le principe. De là vient que les soi-disant principes politiques s'enflamment et dégénèrent souvent en opinion. Dès lors la justice est bannie d'un sénat où l'opinion prévaut sur les principes.

On sent combien l'étude des bases de la justice est nécessaire aux magistrats. On peut bien, sans études, avoir de bonnes maximes, mais il faut bien se dire que sans études on n'a pas des principes. Il faut une suite d'effort, pour arriver à ces productions de l'entendement, sans lesquelles on ne peut atteindre à la hauteur de la justice éternelle qui fait la base des Etats et la sûreté des empires.

Est-ce l'influence d'un sénateur ou d'un chef qui domine, on aura une raison de plus pour ne rien approfondir. Il en arrivera que les hommes médiocres, qui saisissent toutes les occasions de ne pas penser, cesseront tout-à-fait de travailler pour le public. Devenus les serviteurs de l'homme qui pense pour eux, ils deviendront passifs et nuls. Et qu'on ne croie pas que les choses n'en iront que mieux pour être conduites par le plus éclairé. Ce plus éclairé voudra conserver son crédit. Au lieu de guider son troupeau, il en sera peu à peu entraîné ; n'ayant plus de résistance à vaincre au-dehors, il se laissera aller au paisible cours de l'opinion de ses dévoués, et peu à peu tout le corps suivra la douce pente d'une médiocrité voisine du sommeil. Alors, seulement, toute résistance à l'autorité deviendra crime d'état. La pensée perturbatrice du *repos* des sénateurs, appelé repos public, s'éteindra insensiblement, et comme au temps du couvre feu en Angleterre toutes les lumières disparoîtront à l'approche de la nuit pour faire place au silence universel des ténèbres. C'est là le tableau d'une aristocratie heureuse, réalisée peut-être dans quelques villes impériales, qui ont disparu, sans bruit et sans s'apercevoir elles-mêmes de leur destruction. (1)

______

(1) Dans un sermon où tout le monde dormoit, quelqu'un s'étant mis à ronfler très-haut, son voisin l'éveilla en lui disant : Ne voyez-vous pas que vous réveillez tout le monde? N'est-ce pas là l'image des petites villes où toute pensée est proscrite, et où tout dort, excepté celui qui a seul droit de parler ?

Tous ces inconvéniens disparoissent, lorsque le sénat est contrôlé, comme il l'étoit jadis dans le gouvernement de Borne, où le grand Conseil suivoit de l'œil toutes les affaires majeures. Dans les aristocraties actuelles de la Suisse, si le grand Conseil venoit à perdre de vue le fil des affaires, on verroit le Sénat prendre peu à peu sa course vers l'oligarchie, où il ne seroit arrêté que par une secousse.

CHAPITRE IX.

Ce qui porte les hommes à la liberté politique.

Nous avons vu la naissance de l'opinion : nous avons vu qu'elle recevoit ses formes de la sensibilité, c'est-à-dire de l'imagination.

Quand on parle d'un Etat, on suppose un *tout* dont les parties sont plus ou moins liées entr'elles. Mais quels sont les fils qui *lient* ces parties ?

Qui dit lien dit *force*. Mais toute force a une direction. Les forces morales ont-elles une direction ? et, si elles en ont, quelle peut être cette direction ?

Les nœuds qui lient l'homme à l'homme tiennent tous à la sensibilité. Tout sentiment qui veut ou ne veut pas, suppose un *désir* ; c'est dans le désir, dans cette partie éminemment active de l'homme , que réside sa force morale.

Tout désir émane de la sensibilité. Nous avons vu qu'il faut dans le domaine de la sensibilité, distinguer trois principes différens, dont chacun a ses lois particulières. La sensibilité se compose : 1.º du sentiment de nos besoins; 2.º du sentiment du beau , et 3.º du sens moral.

Pour bien démêler le tissu animé qui compose la vie spirituelle , il faut se souvenir que ces trois classes de sentimens, dont je viens de parler, sont encore influencées par les *idées*, qui, en plaçant l'homme sous l'empire de la raison, le font aller d'un mouvement presque toujours composé , où dominent tour-à-tour les lois de l'intelligence ou celles de l'imagination.

Quand on parle de besoins physiques , on ne pense d'abord qu'aux premiers besoins de la vie, sans réfléchir que chaque nuance de santé ou de maladie a ses besoins; que chaque passion a ses besoins, qui tous entrent pour beaucoup dans le tissu de la vie.

Le sentiment du beau aussi existe chez tous les hommes. Le sauvage même préfère telle couleur, telle modulation, telle forme à toute autre. Mais ce sentiment du beau, quoique toujours existant, n'est guères remarqué que dans son développement, je veux dire dans les beaux arts.

Enfin le *sens moral*, cette troisième source de sensibilité, ne cesse d'agir sur l'homme social ; et ce sentiment toujours en activité, exerce une influence continuelle sur tous les momens de la vie.

Cette combinaison de sentimens divers, toujours modifiée par la présence des idées, l'est encore par la *volonté*, que nous pouvons regarder comme un cinquième principe moteur de l'homme.

Quelques personnes expliquent toutes les actions humaines par le sentiment de nos besoins ; mais si l'homme n'étoit doué que de ce sentiment, il aimeroit le pain qu'il mange comme il aime l'homme qui le lui offre : cela n'est pas vrai, même chez les bêtes. Ce qui fait le lien qui unit l'homme à l'homme, ce n'est pas non plus une simple association des idées, mais c'est le *sens moral* qui fait qu'on aime et que l'on hait. Le sens moral existe en nous, pour nous instruire de ce que nous pouvons aimer ou haïr, comme le sentiment de nos besoins existe pour nous indiquer ce qui convient à notre vie *matérielle*. On accuse à tort nos sens de nous tromper souvent ; ce sont nos jugemens et non nos sens qui nous trompent.

Toutes les idéologies du monde ne peuvent nous prouver que la simple représentation des objets extérieurs (que nous appelons *idée*,) puisse, sans quelque sentiment indicateur, nous faire discerner les objets de nos besoins. Ce n'est pas l'eau, mais c'est la soif née du sens intérieur, qui m'instruit que c'est dans ce ruisseau qu'il faut chercher le remède à ma soif.

Les personnes qui prétendent expliquer nos sentimens de haine ou d'amour par une simple association d'idées, ne voient pas que l'association des idées est née du sentiment, et non le sentiment de l'association des idées. Je n'ai aucune reconnoissance pour qui me fait un don sans le vouloir, quoique l'idée du don semble associée à l'idée de la personne qui le donne. Je puis boire dans le ruisseau de mon voisin sans aimer ce voisin, tandis que je n'aurois sans reconnoissance pu recevoir le verre d'eau qu'il m'auroit offert. L'objet de mon sentiment, ce n'est jamais le don même, mais le *motif*, c'est-à-dire le sentiment qui l'a donné, et ce sentiment d'autrui je ne le connois que par le sens que j'appelle *sens moral.*

Toute la jurisprudence pénale est fondée, non sur les actions, mais sur les motifs des actions. C'est toujours du sentiment qu'émane l'influence de l'homme sur l'homme, et c'est dans le sens moral, si peu connu encore, que résident les lois de la sociabilité.

C'est une belle vérité que celle qui nous peint la matière dominée par l'esprit. *Mens agitat molem.* Cela est surtout vrai chez les hommes réunis en société, qui font un tout, parce qu'ils sont comme enchaînés l'un à l'autre par leurs sentimens et leurs idées. Les *idées* font la matière de cette chaîne, mais ce sont les sentimens qui donnent à ses anneaux la forme et le mouvement. Ce tout social dont nous venons d'étudier la composition, renferme-t-il en lui-même un principe de développement? Voyons les faits.

Je crois inutile de prouver qu'il existe un développement dans l'intelligence. L'accroissement progressif des sciences est-il autre chose que le développement de nos idées? Ce développement peut être interrompu par accident, comme le jeune arbrisseau peut être arrêté dans sa croissance , mais ni l'âme ni l'arbrisseau ne peuvent croître que par un principe interne d'extension.

L'imagination aussi a ses développemens ; c'est ce qu'attestent les beaux - arts. Le sens moral aussi se perfectionne ; c'est ce qu'atteste la civilisation.

Ces développemens partiels de nos facultés une fois bien prononcés, nous en voyons naître une certaine harmonie entre ces facultés. C'est cette harmonie entre l'imagination et l'intelligence, qui est l'objet de la morale, dont le résultat est le bonheur de l'homme. Tous ces besoins de l'âme composent la force sociale de l'homme. Le développement de l'espèce humaine, ce n'est pas dans l'individu , c'est dans les sociétés politiques qu'il faut l'étudier. C'est dans l'état social que l'homme aquiert cette plénitude d'existence qui tend de partout à sortir du chaos , et qui sous le nom d'*amour de la liberté*, cherche impérieusement à se faire jour, en brisant tous les obstacles qui s'opposent à ses efforts.

La *liberté politique* est l'état social où rien ne met obstacle au développement harmonique des facultés de l'individu , elle suppose que ce développement se fait toujours en accord avec le bien de tous.

On voit que les élémens de la liberté émanent de la nature même de l'être sentant et pensant, et que toutes ses facultés réclament à la fois cette grande harmonie de l'homme social. La tendance à la liberté tient à cette force vitale qui, chez tous les êtres organisés, tend au développement. Nous voyons à Rome de frêles plantes briser des ruines plus dures que les rochers. Cette puissance de la vie qui, avec de foibles moyens ose renverser l'ouvrage en apparence immortel de la puissance de l'homme, est l'image de la liberté qui se fait jour à travers le poids des siècles et des empires qui pèsent sur elle.

Il y a possibilité d'harmonie dans un piano bien accordé, il n'y en a point dans un piano sans cordes. La question de la perfectibilité de l'homme social, qui le porte à la liberté, se réduit à savoir, si les hommes réunis dans un même État sont des cordes créées l'une pour l'autre, de manière à produire de l'harmonie, ou si elles ne sont liées par aucun rapport harmonique inhérent à leur nature.

Les rapports harmoniques ne sont pas les seuls rapports à étudier dans la société politique. Il y a de plus une mécanique morale, un principe de force croissante ou décroissante selon des lois qu'on a remarquées dans leurs résultats, mais dont on n'a jamais sondé la source dans la nature même de l'esprit humain.

Il y a un mot sublime de Bacon. *Scientia et potentia humana in idem coincidunt ; natura enim non nisi parendo vincitur.* La véritable puissance de l'homme moral, d'après ce principe, est dans la connoissance intime de l'homme.

Les lois d'administration et les lois politiques semblent reposer sur le principe mécanique qui fait la force ou la foiblesse des États, et les lois civiles et criminelles ont pour base les principes de l'harmonie sociale, qui en fait le bonheur. L'un et l'autre de ces principes supposent la connoissance du sens moral, premier moteur de tout élément social.

L'idéal de la liberté politique renferme les deux principes. Il suppose le développement des facultés chez tous les hommes d'un même corps politique, et un *accord* entre les forces centrales du gouvernement et les forces particulières de chaque citoyen, dont le résultat est à la fois le bien de tous et la force publique. Cette liberté parfaite trouve chez l'individu une tendance à se développer dans le sens de l'harmonie sociale, et dans le gouvernement une tendance à favoriser le développement des facultés de chacun pour le bien de tous. C'est ainsi que pour constituer un bon piano, il faut que chaque corde ait non-seulement les qualités individuelles qui la constituent corde, mais qu'elle ait encore les qualités harmoniques, et pour ainsi dire sociales, qui la constituent citoyenne de l'instrument.

Si la liberté suppose l'harmonie entre toutes les parties de l'État, on sent que la première condition pour la produire, est que le gouvernement ait une connoissance complète de ce qui compose cette harmonie. Pour sentir un accord en musique, il faut que le musicien ait à la fois présent *tout ce qui constitue cet accord*. Il faut de même, pour sentir l'ensemble de l'accord social, que tout ce qui compose cet accord soit senti à la fois. Il faut donc réunir dans un foyer commun toutes les lumières capables de guider le gouvernement.

Dans les théories sur la liberté politique, on s'est trop attaché à la *forme* des constitutions; on a voulu partout établir des gouvernemens représentatifs, sans penser que des représentans ignorans, sans principes, sans éducation, et sans connoissance de leur pays, ne peuvent que

consolider les préjugés, les erreurs et les absurdités inséparables de l'ignorance, pour amener
le despotisme ou l'anarchie. Rapprocher les
connoissances vers un centre commun, c'est
augmenter les lumières ; mais organiser l'erreur et les préjugés, c'est épaissir les ténèbres (1).

Les hommes ignorans sont les amis naturels
du despotisme. Rien ne se conçoit mieux que
les règles simples et commodes de la tyrannie.
Il faut des lumières, des connoissances, il
faut de l'âme et un peu d'esprit, pour concevoir les principes d'une saine liberté. Les
Deys et les Sultans comprennent très - bien
que pour empêcher tel homme de leur nuire,
rien n'est si commode que de lui trancher
la tête. Comment ces hommes stupides ou
passionnés comprendroient - ils les principes
d'une jurisprudence criminelle ? Dans les petites démocraties, un ignorant paysan penchera
toujours vers la rigueur (2).

―――――――

(1) Chez les nations qui n'ont pas assez de lumières
pour se donner un gouvernement représentatif, il n'y
a qu'un remède contre le despotisme, c'est d'établir
une opposition constitutionnelle entre le peu d'hommes
éclairés, en les séparant en différentes chambres.

(2) On m'a raconté que dans une de ces démocraties,

Une saine liberté suppose que tous les intérêts locaux sont connus et combinés avec
l'intérêt de l'ensemble. C'est le hasard des
événemens, et non des lumières qu'on n'avoit
pas, qui ont fait trouver la constitution angloise. Il faut une *chambre* pour rapprocher
et réunir dans un faisceau de lumières les intérêts des provinces. Et comme un seul corps
peut avoir ses momens de caprice ou de passion, il est bon que les mêmes idées soient
présentées à une seconde épreuve dans un
sénat, qui n'a pas les mêmes intérêts ni les
mêmes yeux que les députés de la nation.

Par ce moyen, la force publique se trouve
toujours avoir devant elle un grand foyer de
lumière, pour éclairer à la fois le tableau de
tous les intérêts du moment. Et s'il est vrai,
ce que dit Bacon, que la puissance de l'homme
réside dans ses lumières, il en résulte qu'un

---

un homme ayant été condamné à mort, pour quelques
paroles appelées irréligieuses, on fit sentir aux juges
que la sentence étoit trop sévère. Elle fut commuée
en la peine de faire à genoux le tour de l'église. Telles
sont les *nuances* des codes criminels des hommes sans
principes. Et c'est encore en Suisse que l'on retrouve la
torture, sans laquelle, dit-on, la vérité est impossible à
découvrir.

gouvernement éclairé est le seul véritablement fort et bienfaisant.

C'est par de semblables institutions que l'opinion publique se forme. C'est dans les conseils de la nation que les élémens hostiles de l'opinion se combattent et se combinent, de manière à rapprocher enfin les intérêts les plus opposés. Les combats de paroles qui se font dans les chambres préviennent souvent les guerres civiles, que les intérêts étouffés ou méconnus auroient infailliblement allumées.

Il est de l'instinct de toutes les tyrannies de haïr la liberté de parler et de penser. L'on a vu en France les amis de l'anarchie et les amis du despotisme s'élever tour à tour contre la liberté de la presse. Rien de plus difficile que d'arriver à cette liberté ; la raison en est qu'elle commence toujours par servir un parti aux dépens d'un autre. Ce n'est que par un long usage que l'équilibre s'établit enfin dans le mobile empire des paroles et des idées, pour rendre la route de la pensée bienfaisante à tous.

La liberté de parler produit peu à peu une opinion publique, et l'opinion une fois établie maintient la liberté de parler. L'une et l'autre une fois consolidées, sont les plus fermes ap-

pris de la liberté nationale. Elles le sont aussi
de la puissance du Gouvernement, qui n'est
jamais plus grande que lorsque le Souverain
est entouré de lumières.

Les sciences sont arrivées au point qu'aucune
nation ne peut plus prospérer sans elles. Il en
est resulté que l'Europe et bientôt le monde entier ne formeront plus qu'un seul peuple, marchant de concert vers le soleil des naissantes lumières. Etes-vous ignorant en économie politique, vous verrez le système financier des
nations plus habiles que vous envahir peu à peu
vos richesses ou vous empêcher d'en produire.
Êtes-vous ignorant en tactique, vous serez
battu et enfin subjugué. Vos citoyens sont-
ils mal élevés, grossiers et sans mérite, vous
serez tellement méprisé en détail, que le
mépris réjaillira enfin sur la nation même.
Vos lois criminelles et civiles sont-elles mauvaises, vos meilleurs sujets iront trouver ailleurs protection et liberté. Sont-ce vos constitutions politiques qui sont vicieuses ou tyran-
niques, vos citoyens, toujours frappés du bonheur qu'on trouve hors de la patrie, cesseront
d'être attachés à un séjour d'ineptie ou de
souffrances. Il y a plus : les lumières ont par
elles-mêmes un tel attrait pour l'homme qui

on a su goûter les douceurs, que l'exil étoit pour les Romains une peine équivalente à la mort, et que les Grecs se trouvoient si malheureux hors de la Grèce, qu'ils aimoient mieux endurer les injustices de leurs démagogues, que de vivre hors de l'atmosphère de la civilisation, des beaux-arts et des vertus fortes ou aimables.

Rien de plus difficile que d'établir la liberté dans les petites républiques, toujours prêtes à pencher vers l'aristocratie ou la démocratie. Dans ces petits Etats, on est si près les uns des autres, que les défauts personnels des gouvernans y sont sentis comme des vices d'administration. Y a-t-il malheureusement quelque barrière entre les maîtres et les sujets, on est bien embarrassé à la maintenir lorsqu'on est continuellement en présence les uns des autres. Les sujets sont-ils mécontens, on a deux partis à prendre ; celui de discuter ces mécontentemens, ou celui de les étouffer. Des prétentions toujours renouvelées mèneroient à l'anarchie, et des mécontentemens toujours étouffés conduiroient à l'oppression des sujets ou à la mort de la république. Il y a quelque intérêt à voir la république naissante de Berne établir des espèces de tribuns, dans un temps où la ville n'avoit qu'un minime territoire, et maintenir par-là sa constitution intacte durant plus de cinq cents années (1).

____

(1) Extrait d'une chronique manuscrite.

« Dans toutes les Chartes qui nous restent avant
« 1294, nous ne remarquons aucune trace d'un corps
» régulier qui gouvernoit la ville de Berne, excepté
» un Sénat composé de 24 membres et de l'Avoyer.
» C'est ce corps qu'on nommoit *scultetus*, *consules*
» et *communitas*, et quelquefois du nom générique de
» *cives de Berna*. On voit cependant par plusieurs *pro-*
» *noncés* et Traités, que dans les cas importans on
» appeloit aux délibérations du sénat des personnes
» de marque, soit seigneurs, ecclésiastiques ou bour-
» geois. Les sénateurs avoient le droit de consulter à
» leur choix et d'appeler aux délibérations des per-
» sonnes capables. On trouve une trace de ce droit
» jusqu'en 1371 dans le pouvoir accordé aux capi-
» taines, secrets, et bannerets, et *à ceux qu'ils vou-*
» *dront appeler aux délibérations* (*).

« Les personnes appelées dans les conseils formè-
» rent insensiblement un corps qu'on voit paroître
» pour la première fois à Pâques de l'an 1294. Il étoit
» composé de deux cents et plus de membres qui, in-
» quiets sur les *indiscrétions* du Sénat, donnèrent à
» seize personnes tirées des quatre quartiers de la ville,
» le pouvoir de siéger avec le sénat dans la ville et
» hors de la ville, en justice et hors de justice. Ils
» doivent prêter serment à la communauté : *d'être*

____

(*) Code de lois nommé de Ruti.

Pour produire l'harmonie, qui fait la base de la liberté, il ne suffit pas que les gens en place s'abstiennent d'attenter à la vie ou à la propriété des sujets; l'âme aussi a ses besoins,

------

» *fidèles à la ville, etc.* Les Seize, par un acte de
» revers à la tête duquel est nommé Otton de Bu-
» benberg, promettent de se conformer à la volonté
» de la communauté, en se réservant la libre élection
» de leurs membres, ce qui rend vraisemblable que
» le Sénat jouissoit du même droit.

» Un acte du Deux-Cents de l'an 1373, (*), dirigé
» contre les corporations des métiers, qui ambition-
» noient de se former en corps de tribus, confirme
» les ordonnances que le Deux-Cents avoit faites de-
» puis 80 années pour prévenir les tribus. Cet acte
» fait preuve que le Gouvernement de Berne a de-
» puis 1294 la forme sous laquelle il fleurit actuelle-
» ment (c'est-à-dire vers l'an 1770).

» Au lieu du corps des Seize, les bourgeois se con-
» tentèrent dans la suite de deux représentans dans
» le Sénat, qu'on nomma Secrets. On établit aussi une
» justice pour les affaires civiles de la ville et des quatre
» paroisses. Tous ces établissemens font voir ce qu'on
» doit entendre par les *indiscrétions* du sénat.

J'ajouterai que les deux *secrets* ont siégé dans le Sénat jusqu'à la révolution de 1798. Ils étoient chargés de surveiller le Sénat, et leurs monitoires, quoique très-rares, produisoient toujours un grand effet.

(*) Batstube-Schrift.

et les manières hautaines, méprisantes ou haineuses de l'intolérance d'opinion, sont des injustices aussi révoltantes que celles qui ne blos-
sent que la fortune ou la vie. On s'en console
moins, parce que dans les petites villes elles sont
continuelles, qu'elles flétrissent à la fois le sentiment et la pensée, et désolent la vie tout
entière (1).

-----

(1) Dans les villes sans amusemens, où la vie ne se
déride jamais, les haines sont éternelles comme les préjugés. Dans une ville de Suisse, éminente d'ailleurs par
ses vertus et ses lumières, j'ai vu un homme universellement estimé, chéri par tout ce qui sait être juste, je
l'ai vu torturé durant plus de vingt ans par la haine politique de ses concitoyens; dont aucun n'a pris la peine
de s'informer si le prétendu délit dont il étoit soupçonné
étoit vrai ou non. On a peine à concevoir comment des
hommes ont pu être vingt ans à se répéter tous les jours :
Voilà un homme juste et vertueux éminent par ses talens,
qui peut-être s'est trompé une fois en croyant faire son
devoir, sans qu'aucun mouvement de justice, aucun
sentiment consolateur se fût durant vingt ans échappé
de l'âme de quelqu'un de ces bourreaux politiques,
pour descendre sur la tête de ce respectable vieillard.
Faut-il, dans ce triste univers, où les joies sont fugi-
tives comme les nuées légères du ciel, faut-il ne perpétuer que les douleurs, les haines et les orages ! N'est-
ce pas là créer un enfer sur la terre ? L'oubli ne nous
a-t-il donc été donné que pour ne plus nous souvenir

Montesquieu a dit : « ce qu'on appelle union
» dans un corps politique est une chose très-
» équivoque : La vraie union est une union
» d'harmonie, qui fait que toutes les parties,
» quelque opposées qu'elles nous paroissent,
» concourent au bien général de la société,
» comme les dissonances dans la musique
» concourent à l'accord total. »

CHAPITRE X.

Les Suisses.

Pour étendre l'étude des constitutions ré-
publicaines, il faudroit suivre dans leur marche
variée les vingt-deux constitutions de la grande
république Helvétique. On n'a jusqu'ici que les
squelettes de leurs constitutions ; mais l'homme
distingué qui esquissa cet aride tableau (1),
seroit mieux que tout autre en état d'animer
ses portraits et d'en tracer les singuliers caractères. On verroit que la forme d'une constitution ne nous apprend pas mieux l'esprit qui
l'anime, que la forme d'une personne ne nous
instruit de son caractère.

___

des vertus et ne plus éprouver les sentimens d'humanité ! et le don de la mémoire ne nous a-t-il été fait que
pour perpétuer les haines et les supplices?

(1) M. Usteri.

On verroit qu'on s'est peu occupé des moyens constitutionnels de connoître en tous les temps les vœux des gouvernés. Dans les monarchies constitutionnelles on a trouvé moyen de se faire entendre au Souverain. Mais ces moyens de libre communication entre le gouvernement et les sujets (sans crainte de la part des sujets et sans danger pour les gouvernemens) ne sont pas encore trouvés dans les républiques. Partout où la supériorité de lumières ne seroit pas dans le gouvernement, le problème seroit impossible à résoudre.

Dans plusieurs cantons on a étendu le pouvoir du Sénat aux dépens du Grand Conseil, qui ne s'assemblant que rarement, ne peut tenir le fil des affaires aussi bien que lorsqu'il est associé au Sénat, comme il l'est de fait à Genève, et comme il l'étoit à Berne avant 1798. Quand le mouvement de l'administration devient étranger au Grand Conseil, ce Conseil perd son influence, et s'il vouloit la reprendre, ce ne pourroit être que par un choc, qu'il vaut mieux prévenir. Peu à peu les membres du Grand Conseil deviennent étrangers aux affaires, et l'administration finit par languir dans le repos. Ce repos dans les républiques n'est pas aussi désirable qu'on le croit, et c'est

Montesquieu qui dit : (Grandeur des Romains, chap. IX) « Que toutes les fois qu'on verra tout » le monde tranquille dans un État qui se » donne le nom de république, on peut être » assuré que la liberté n'y est pas. »

Il seroit important de dévoiler l'étendue des lois qu'on appelle de police. Ces lois, toutes d'exception, sont les violations continuelles de loi qui protége; mais rien de plus difficile que de tracer l'exacte limite entre ce qu'exige la sûreté du gouvernement et la sécurité du citoyen. A coup sûr l'espionnage n'est pas l'enseigne de la liberté. N'est-il pas à craindre que la défiance du gouvernement ne passe enfin dans le cœur des sujets pour y faire naître la haine et l'aversion ?

On connoît la police usitée jadis à Venise. C'est encore Montesquieu qui dit : « Les ré-» publiques d'Italie, qui se vantent de la per-» pétuité de leur gouvernement, ne devroient » se vanter que de la perpétuité de leur abus. » Aussi n'ont-ils pas plus de liberté que Rome » n'en eut au temps des Décemvirs. »

Rien de plus rare que la liberté dans les républiques, mais rien de plus précieux que celle qu'on y trouve lorsqu'elle s'y rencontre.

Je ne sais pourquoi l'amour du secret a un si

grand attrait pour les petits États. La raison du secret dans les républiques est que le plus souvent on y redoute l'opinion qu'on va choquer. Le secret est toujours un grand moyen de nuire ; rien de plus précieux dans la guerre que le secret. Mais dans un gouvernement établi, l'habitude du secret n'est que la conscience de son ineptie ou de l'hostilité de ses intentions.

Dans les dissensions civiles, le gouvernement peut se regarder comme en état de guerre, et se servir utilement du secret. Ce moyen est bon si le mal dont on se plaint est passager, mais s'il tenoit à quelque vice de la constitution que l'on pût corriger sans inconvénient, alors on auroit tort de ne pas aborder franchement la question pour corriger ce vice. Les hommes ont souvent des fantaisies, et se plaignent de choses que le grand jour feroit disparoître, mais qui, concentrées, produiroient peu à peu des fermentations dangereuses. Règle générale : les plaintes légères s'évanouissent au grand jour ; les grandes injustices au contraire s'y montrent dans toute leur difformité.

Rien de plus malheureux que de couvrir les tribunaux des voiles du mystère. La justice qu'on suppose exister dans les tribunaux, est le premier moyen d'instruction publique. Les tribunaux sont des foyers de lumière qui, en répandant les salutaires maximes de la justice, consolident cette première des vertus, qui peut-être les contient toutes. Dans les pays civilisés, l'opinion guide le juge, et les juges développent l'opinion. Voiler la justice, c'est proclamer la tyrannie, ou trahir la foiblesse de l'homme juste qui, sans raison, redouteroit le grand jour. Cachez les tribunaux, et la lumière de la loi s'éteindra dans les ténèbres.

La république Helvétique, qui ne fait que de renaître, n'a pu arriver tout-à-coup à sa perfection. A peine sortie d'une révolution qui l'a blessée de partout dans ses bonnes et ses mauvaises habitudes, il faut attendre le calme pour la voir suivre la route de ses belles destinées. C'est dans sa centralité qu'elle trouvera un principe intarissable de perfectibilité. Comme les vingt-deux républiques ne peuvent se rapprocher que par leurs vertus, leur degré d'union et de centralité sera toujours l'infaillible mesure de leur bons ou mauvais principes. Le temps viendra où leurs jalousies réciproques se changeront en une noble émulation de vertus et de lumières. Alors disparoîtront ces petits intérêts de ménage qui absorboient jadis toute l'attention et tout le patriotisme de la vieille fédération. Les Suisses ne peuvent jamais se croire assez grands et assez puissans par leurs vertus, leur union, et leurs lumières; ni assez petits par leur territoire, leur ignorance et leur discorde.

Deux choses peuvent encore faire le salut de la Suisse; l'esprit militaire et quelque su--périorité de lumières.

L'esprit militaire ne se prend ni dans les parades, ni dans quelques évolutions apprises; il réside dans l'amour de la patrie et de la liberté.

Que seroit la plus petite des armées de l'Europe, si les vingt-deux cantons cessoient d'avoir une même âme, et si tous ses soldats n'étoient pas, comme à Morgarten et à Sempach, inspirés par l'amour de l'indépendance.

L'esprit militaire est le premier résultat de la liberté; il n'est autre chose que le sentiment de cette liberté, et la conscience de ses forces, qui ne sont jamais mieux senties que lorsque l'âme n'est froissée par rien. C'est le saint amour de la liberté qui, d'un minime pays, sut faire de la Suisse une patrie respectée par les grands états pendant près de cinq siècles.

Si la Suisse veut se conserver, ce ne peut-être qu'en faisant revivre les sentimens qui la rendirent victorieuse dans les guerres pour sa première liberté. Ce ne sont pas les vieux hommes qu'il faut refaire, mais les vieux sentimens qui ne sont vieux que parce qu'ils sont éternels comme la nature qui grava dans le cœur de tous les hommes l'amour de la liberté. Les Suisses, aujourd'hui doués de lumières, ne sauroient être libres à la manière des hommes d'autrefois, façonnés par des circonstances et par des habitudes qui ne sont plus, et qui ne peuvent renaître.

J'entends dire quelquefois qu'il est bien inutile d'entretenir l'esprit militaire, lorsque par la petitesse de ses moyens on ne sera jamais dans le cas d'en faire usage. Mais conquérant ou conquis, l'homme ne vaut que le prix qu'il sait se donner à soi-même, et le plus infaillible moyen d'être avili, c'est de perdre le sentiment de sa dignité en abandonnant ses moyens de défense. Le courage n'est un sentiment inappréciable que parce que ne calculant jamais, toutes les chances inconnues peuvent le servir. Il y a plus : le courage est un besoin des belles âmes, il est, comme l'a si bien dit Vauvenargues, il est la lumière de l'adversité.

Il faut donc en Suisse conserver l'esprit militaire, afin de conserver cette fierté, sans laquelle l'homme se fait l'esclave de tout ce qui
se dit plus fort que lui. Cette noble fierté,
née du sentiment de son indépendance, achève
de nous rendre hommes, et l'esprit militaire
est le premier moyen de la conserver, pour
la défense de sa patrie, et plus encore pour
sa propre dignité. Mais nos moyens de défense
il ne faut pas les chercher où ils ne sont pas.
Le premier moyen de se conserver est dans
l'union intime des cantons, et le second dans
l'amour de chaque soldat pour sa constitution
cantonale et fédérale. C'est là où les amis de
la Patrie peuvent concentrer leurs efforts, c'est
là qu'il y a des combats d'opinion à livrer et
des victoires à gagner sur l'égoïsme, plus re-
doutable que les armées ennemies. Que chaque
canton achève sa liberté par des lois salutaires
à tous, qu'il répande l'amour de l'indépendance avec les lumières, et la bonne tactique
naîtra tout naturellement de l'amour des lois
de son pays.

Que l'on parcoure la Suisse, et l'on verra
que l'amour de la patrie n'a point encore d'é-
tendard de ralliement, et que, dans chaque
ville et dans chaque canton, on tient bien moins

à ce qui réunit les cantons, qu'à ce qui les isole par l'égoïsme, et quelquefois par l'esprit de parti.

Les cantons aristocratiques, surtout Berne et Zurich, ont dans leur sein tous les élémens de bonheur. Je ne connois pas d'administration plus probe que celles de Berne et de Zurich. Une seule chose manque encore à ces républiques, c'est plus de confiance en elles-mêmes et plus de véritable fierté.

Il est de la nature de presque toutes les aristocraties de n'avoir pas de confiance en elles-mêmes. Aucune ne mérite moins le supplice de la peur que l'aristocratie de Berne, puisqu'aucune mieux qu'elle ne réunit la probité et l'amour de la patrie à tous les moyens de faire le bonheur, non-seulement du Canton, mais de la Suisse entière.

Rien de plus absurde que de supposer à tous les hommes d'un même pays une même manière de voir et de sentir. Cette supposition à peine vraie pour un troupeau de moutons, suppose la bêtise et produit la bêtise.

Il faut, après l'orage, laisser aux vagues émues le temps de se calmer. Il faut supposer dans un pays quelconque, et plus encore dans un pays libre, quelque mouvement divergent

dans les pensées des hommes. Cette divergence
et le mouvement qui en résulte, sont une jouissance ; et bien souvent on s'attache à un gouvernement par le mal même qu'on ose en dire.
Haïr les gens et les persécuter parce qu'ils ne
nous aiment pas, c'est faire deux choses, c'est
perpétuer cette haine , et c'est lui donner de
l'intensité, en la concentrant dans le silence.
Les passions haineuses ont leur jouissances ;
la plupart se calment par la parole et s'éva-
porent en de vains discours et d'inutiles agita-
tions. Recueillir et punir les paroles c'est,
comme dans la fable, conserver la tempête dans
des outres , pour l'empêcher de se dissiper
dans le vague des airs.

Il faut bien se dire , quand on gouverne ,
que, ne pouvant faire le bonheur de toutes
les opinions et de toutes les fantaisies, il y a
un grand nombre de mécontens qui disent du
mal de nous. Ce qu'il y a de mieux à faire
avec ces mécontens-là , c'est de laisser éva-
porer leur bile. Ils ennuient par leurs lamen-
tations, ou bien ils choquent par leur exagération , et le calme se rétablit souvent par le
mouvement même (1).

---

(1) Les principes du Canton de Vaud sont admirables

Où sont les hommes parfaitement contens de leur condition? Le mal qu'on croit éprouver, on l'attribue souvent au gouvernement. La réponse du gouvernement est dans le bien qu'il fait, et qui, à la longue, est senti par tous, quoique chacun se croie froissé quelque part.

Je n'ai jamais entendu dire plus de mal d'aucun gouvernement établi que jadis de celui de Léopold en Toscane. Trente ans après je retournai en Toscane, et l'on n'y parloit plus de Léopold que comme d'un demi-dieu, qui avoit fait le bonheur de son peuple.

Tous les reproches qu'on peut faire à l'ancienne république de Venise ont leur source dans la peur d'une aristocratie qui n'avoit pas de confiance en elle-même. Il faut laisser la crainte aux tyrans.

Il faut que les honnêtes gens se persuadent : que ce que la confiance ne peut faire se fera moins encore par les châtimens et par la terreur. La confiance n'exclut pas les moyens légitimes

à cet égard. Le gouvernement y tolère toutes les opinions politiques, même les plus opposées. Il en résulte que toutes les haines se calment et qu'il ne reste de levain nulle part.

de défense , elle n'exclut que cette sombre défiance qui, comme la jalousie, produit la haine là où l'on ne veut que de l'amour.

La Confédération Helvétique composée de vingt-deux républiques indépendantes, semble destinée à développer plus de lumières sur la législation qu'aucun pays de l'Europe. Mais quel est le Canton où la pluralité des magistrats aient fait dans leur jeunesse une étude sérieuse de la jurisprudence et des lois de leur patrie ? N'est-il pas surprenant que chaque cordonnier, que chaque tailleur soit tenu de faire son apprentissage , et que la profession qui décide du sort des citoyens et fait la destinée de la patrie, soit la seule où l'on ne soit tenu à aucun apprentissage ?

On dit gravement dans quelques Cantons que le bon sens suffit pour la place de juge ou de magistrat, comme si les principes étoient à la portée de qui n'a jamais pensé à sa tâche , ou comme si on pouvoit se passer de principes.

Le premier bienfait des lois est dans la fixité de la règle ; mais cette fixité tient aux principes. La loi n'est pas dans le papier, elle es dans le principe , et le principe est dans la science appelée jurisprudence. Rien de plus dangereux que d'être jugé par des hommes nus de sciences et d'idées, toujours exposés à céder à l'esprit de parti. Je sais que des hommes à bonnes études cèdent quelquefois à ce démon-là. Mais ces hommes ont dans leurs lumières et dans leur conscience une barrière à franchir que les hommes sans études n'ont pas. Si les lois criminelles sont bonnes, les formes invariables de ces lois peuvent quelquefois servir de digue ; mais dans les pays ignorans en jurisprudence, ces formes n'existent pas, et tout livre le prévenu aux passions du Juge. De là vient qu'en Suisse on a dans quelques Cantons la torture, et dans presque tous la question préalable (1), qui ne vaut pas mieux (2).

---

(1) Elle consiste en coup de bâton..

(2) Il n'est pas sans instruction de voir dans l'estimable continuateur de J. De Muller, L'esprit des lois criminelles de la Suisse au commencement du seizième siècle. « Tout étoit permis contre le délinquant, dit Gluz, et la colère du juge étoit regardée comme de la vertu. » La torture étoit établie partout, et ses détracteurs honnis. Un conseiller de Berne ayant dit quelque absurdité au sens des sénateurs ses collègues, le trésorier Frankly dit en le réfutant. « Ce que mon collègue vient de dire est aussi bête que le propos de M. Hofmeister, qui en s'opposant à ce qu'on

GENÈVE.

Je dirai un mot sur Genève.

Cette ville paroît destinée à devenir le point lumineux de la Suisse, et à prouver à tous les petits États, que, lorsqu'on ne peut s'égaler aux grandes puissances par le territoire, on peut s'en rapprocher par les lumières, en conquérant cette estime universelle, qui dans un siècle éclairé fait la véritable puissance de l'homme.

Chaque État doit chercher à développer un caractère et à porter ses efforts, et pour ainsi dire son éducation vers ce qui convient à sa position, à ses goûts, et à ses circonstances. Il faut qu'un État, aussi bien qu'un particulier, sache quel est le rôle qu'il veut jouer dans le monde.

---

mît quelqu'un à la torture, alla jusqu'à dire qu'il aimeroit mieux voir dix coquins impunis qu'un innocent dans les souffrances ! » —Au temps de Waldman (dans le 16.ᵉ siècle), deux hommes furent maçonnés dans un mur, et pour prolonger leur supplice on pratiqua une petite ouverture afin de les y nourrir.

Quand aurons-nous une bonne histoire des lois criminelles ?

Genève paroît particulièrement destinée à être une ville savante. Elle ne peut être ni militaire , ni commerçante. Elle est , à ces deux égards , tout ce qu'elle peut être ; mais elle peut développer les grands moyens de lumières qu'elle renferme dans son sein. Les lumières ont des résultats inappréciables ; et nul homme ne peut dire jusqu'où on arrivera par elles dans le pays de l'avenir. L'avenir est une grande réalité , où les premières places sont à ceux qui ont su voir de plus loin et y arriver les premiers.

L'éducation de Genève n'a été calculée jusqu'ici que sur les besoins intérieurs de la république , et la mesure de toute chose n'y a été prise que sur son territoire.

Mais qu'on calcule à Genève le nombre de ses habitans qui ont fait leur fortune , et quelquefois la gloire de leur patrie (1), dans les pays étrangers , et l'on verra qu'aucune ville n'a besoin de plus de ressources , que celle qui n'en a point par son territoire. Il faut que les habitans d'une telle ville aient non-seulement les moyens de tous les peuples chez les-

____

(1) Comme Le Fort, Rousseau, Necker, de Luc, Tremblay, Gallatin, de Candolle, etc. etc.

quels ils cherchent à se distinguer, mais qu'ils aient de plus de quoi dépasser les rivaux qu'ils rencontrent chez les nations chez lesquelles ils vont s'enrichir ou se distinguer.

On peut bien, par manque d'esprit ou de ressources, se faire un système de médiocrité d'éducation, mais se faire d'avance un pareil système lorsqu'on a tous les moyens d'exceller, c'est une espèce de suicide le plus coupable de tous, puisqu'il porte sur la vie spirituelle.

Il en est des lumières comme des richesses; une nation où chacun voudroit ne produire que le nécessaire, seroit sûre de ne jamais l'obtenir. N'est-ce pas toujours au superflu des uns à compenser le déficit des autres?

En lumières, comme en richesses, il y a une accélération en plus ou en moins, en gain ou en perte, qui ne nous permet pas de renoncer à aucune source réelle de succès.

Calculer les lumières qu'on veut se donner sur le nombre des emplois dont on peut disposer dans sa patrie, c'est proportionner les lumières au territoire et à la population, de manière que les petits États au lieu de s'agrandir par ce qui est véritablement grand, prendroient leur mesure sur ce qui les fait véritablement petits, je veux dire leur territoire.

Les petites républiques ne peuvent jamais assez méditer la grande pensée de Bacon, que la véritable puissance de l'homme réside dans ses lumières : *Scientia ac potentia in idem coincidunt.* L'estime est la première sauvegarde des petits États, placés entre de grandes nations assez éclairées pour sentir avec Bacon que le prix réel de l'homme réside dans ses lumières.

Il faut voir dans l'histoire le respect que durant plusieurs siècles l'orgueilleuse dominatrice du monde, Rome, sut témoigner aux Athéniens. Il n'y a plus qu'une république en Europe qu'on puisse comparer à Athènes, c'est celle de Genève, célèbre par une suite non interrompue d'hommes distingués dans les lettres, que son minime territoire a su produire durant plus de trois siècles. Si l'opinion publique fait la force des États, l'estime que Genève a su, par ses lumières, inspirer à toutes les nations civilisées, fera à jamais l'appui de cette ville.

Il y a une espèce d'immortalité attachée aux sciences, qui survit à la destinée politique des nations et à la mort de leurs gouvernemens. Si jamais la Suisse devoit être vaincue par les armes, Genève vivroit encore dans tous les

cœurs par ses vertus , ses lumières et ses institutions. Il en est des États vaincus comme
de grands hommes disgraciés , qui, dans leur
chute même , savent conserver l'estime due à
leur personne , tandis que les hommes médiocres ou nuls , éprouvent dans la dépendance tous les malheurs de l'avilissement.
Plus l'Europe ira en avant par ses lumières,
et plus les distinctions qui viennent de l'âme
seront senties et préférées. Quand les relations
politiques sont changées par la victoire , que
reste-t-il aux opprimés, si ce n'est le mérite
personnel , qui commande au vainqueur même
alors que tout semble perdu pour le vaincu.

Ce qu'il y a de véritablement bon à Genève,
c'est l'accord de l'éducation domestique avec
l'esprit public. Dans l'éducation des enfans de
cette ville , tout tend à l'ordre et au travail,
et les mères genevoises sont d'admirables insti-
tutrices. L'éducation publique, quoique bonne
à bien des égards, a vieilli, et ne va plus de
pair avec les besoins de la science.

Il y a plus : à Genève l'éducation publique
finit à l'âge des véritables études ; et c'est un
bien à quelques égards. Quand les institutions
ne vont pas en avant avec les lumières , elles
ne font que conserver les préjugés du temps.

où elles sont nées ; et si le siècle les dépasse, elles deviennent les citadelles de l'antique ignorance. Un pays sans institutions , mais éclairé par quelques hommes de génie, iroit plus loin par la simple présence de ces hommes , qu'un pays entravé par des institutions médiocres.

Mais il ne s'ensuit pas que de bonnes institutions établies dans un siècle de lumières , et dans une ville éclairée par elles, ne soient pas d'un avantage immense.

Si Genève vouloit compléter son système d'éducation, elle trouveroit dans la foule des étrangers qui viendroient s'y instruire , des moyens qui lui permettroient de rendre son éducation publique supérieure à celle de la plupart des villes de l'Europe.

Cette ville placée au sein de toutes les magnificences de la nature ; cette ville où la simplicité des mœurs est réunie à tout ce que la civilisation offre de charmes à la vie sociale ; cette ville où l'esprit se trouve réuni à la bonté, et l'élégance des manières aux vertus les plus pures, cette ville , telle qu'elle est aujourd'hui, n'a peut-être pas son égale.

Ce que je sens de bon dans mon âme, le goût des lettres et de la méditation, je le dois à cette ville, où j'ai passé ces années de jeunesse qui décident du reste de la vie. Là, sans leçons et sans maîtres, je fus élevé par la simple présence de quelques hommes distingués, dont le génie éveilla toute les facultés de mon être. Comment parler dignement du Sage de Genthod, de Bonnet, de cet homme à qui je dois toute mon âme ! C'est lui qui, en me faisant sentir que tous les secrets de la nature spirituelle de l'homme sont déposés, non dans les livres, mais dans nous, dans nos pensées, dans notre âme en un mot, alluma ce désir de recherches et de méditation, qui a su maintenir mon goût pour les études à travers tous les obstacles d'une vie agitée. Cette lumière de l'âme, née à Genève et souvent près de s'éteindre, fut successivement alimentée par l'amitié de Gray, de Muller, de Mattison ; c'est à vous, ô mes amis, que je dois de penser et de vivre encore. Et quand ma patrie fut bouleversée par la révolution, une femme distinguée vint me retirer de dessous ses ruines. Je m'enfuis en Danemarck, où je trouvai une seconde patrie, celle de l'amitié que l'esprit de parti avoit fait disparoître des lieux de ma naissance. Des bords de la Baltique je revins aux rives du Léman, et peu à peu je me sentis fixé aux lieux où j'avois reçu le don de la première pensée, lieux chers et charmans, où je ne vis plus que d'amitié et de bonheur.

CHAPITRE XI.

Lutte de la civilisation avec le despotisme. Le despotisme né de la nullité des individus. La liberté n'est que le développement de l'état social; chacun y contribue par ses vertus et ses lumières.

On peut considérer la force nationale, 1.° dans les individus qui composent la nation. 2.° Dans la force publique qui fait aller la nation par des lois presque mécaniques.

La force publique semble au premier coup-d'œil n'être que la somme des forces individuelles, et cela seroit vrai s'il n'y avoit pas de mouvement. Mais, comme le mouvement constitue la vie nationale, il en résulte des lois mécaniques encore peu connues. L'immense machine sociale prend des forces accélératrices, où la masse multipliée par la vitesse semble faire loi comme en physique. La force de l'individu isolé peut se comparer à la force de gravité de chaque atome d'une roue. Cette force de pesanteur, toute puissante tant qu'il n'y a pas de mouvement, disparoît aussitôt que la roue tourne.

En réfléchissant à cette force mécanique ; en comparant la force motrice d'un Tout, composé de vingt à trente millions d'hommes, avec la foiblesse individuelle de chacun, on ne conçoit pas comment les hommes ont pu se débarrasser du despotisme. Quand vingt millions en masse sont en mouvement la force individuelle de chacun semble anéantie, et toute chance de liberté semble perdue à jamais.

La force nationale une fois en rotation ; se maintient par le mouvement même. Il y a une espèce d'inertie morale, qui, semblable à celle des corps, tend à perpétuer le mouvement une fois imprimé. L'habitude ajoute à la force mécanique en faisant de partout disparoître les résistances.

On conçoit que le premier mouvement de la force mécanique a du naître de l'inégalité primitive des forces individuelles. Si toutes les forces individuelles eussent été égales il y auroit un équilibre et repos.

L'intensité de la force publique est ces raison de l'inégalité des forces individuelles ; plus cette inégalité est grande moins il y a de résistance.

Dans l'origine des sociétés, les forces étoient plutôt physiques que morales. Alors les Ajax étoient plus comuns que les Ulysses, et l'esprit des Ulysses même étoit employé à la ruse, qui n'étoit encore que le bon emploi des forces physiques.

De là vient que tous les grands Empires, et peut-être tous les États, sont plus ou moins fondés sur la conquête extérieure ou intérieure, c'est-à-dire, sur la force employée contre les étrangers ou contre les concitoyens. Les constitutions, qui en sont nées, n'étant que le résultat de l'inégalité de cette force, se maintiennent par cette inégalité même. Tant que les forces individuelles restent nulles, ces constitutions se maintiennent dans toute leur pureté.

Mais sitôt que la civilisation a fait quelques progrès, les individus sont comptés pour quelque chose, et la force mécanique, née de l'inégalité primitive des moyens, et de la nullité des individus tend à se dissoudre.

La puissance morale semble aussi avoir une force accélératrice. En effet, nous aimons à voir nos sentimens à l'unisson des sentimens d'autrui. L'ambition, l'amour de la flatterie, la vanité, même l'avarice comme moyen de vanité et de puissance, toutes ces passions tiennent au besoin de sentimens sympathiques. Mais la sympathie s'anime par le succès ; sa force semble croître avec la masse et la vitesse. C'est *au plus grand nombre* que nous voulons plaire, et plus nos succès sont *rapides*, plus le sentiment s'enflamme. Il y a une espèce d'accélération dans les progrès de la raison même, qui multiplie les vérités par les vérités, et fait croître les rapports par les rapports. Il y a aussi accélération dans le bonheur. Nous voyons, en effet, que plus les idées et les sentimens se développent dans la société, plus la chance des sentimens harmoniques augmente, puisque les idées et les sentimens, en se multipliant par le mouvement, augmentent la probabilité de l'harmonie dont se compose le bonheur de l'homme (1).

____

(1) Nous avons vu qu'il y a une liaison organique des sens extérieur et intérieur, qui fait que chaque sentiment a ses idées de préférence et ses intensités ; tout ce qui froisse ces rapports, tout ce qui blesse cette harmonie entre les sentimens et les idées, nous rend malheureux ; tout ce qui les favorise rend heureux. Nous avons vu, dans les *recherches sur l'imagination* que, le bonheur n'est que le résultat de cette harmonie entre la faculté de penser et la faculté de sentir, qui fait que le sens intérieur et l'extérieur ne se blessent point l'un l'autre,

Il suit de ces principes que la civilisation croissante tend à changer la constitution née de la nullité des individus.

Il y a des vérités qu'on ne sauroit assez répéter. De ce nombre est celle de faire tout le bien et toutes les réformes convenables sans renverser le gouvernement que l'on a. La chance du passage violent d'un gouvernement à un autre est si pleine d'incertitude et de danger, et quelquefois si atroce dans ses résultats, que c'est la dernière à courir. Quel fou voudroit se brûler vif dans l'espérance de renaître comme le phénix de la fable?

---

et que l'imagination et l'intelligence (qui font aller la vie) ne se froissent pas. Nous gravitons vers le bonheur parce que l'organisation a une tendance à l'harmonie entre les sentimens et les idées, dont la nature déposa le germe dans les rapports préétablis entre les sens extérieurs et intérieurs, sans cesse en action et réaction l'un avec l'autre. C'est cette action des idées sur la sensibilité et la réaction de la sensibilité sur les idées, qui, d'un côté met les objets extérieurs en rapport avec nos besoins physiques et moraux, et qui de l'autre met ces mêmes besoins en rapport avec les objets extérieurs ; ce qui constitue le sommaire de la doctrine du bonheur. Le rapport de nos idées avec nos sentimens constitue le bonheur intérieur, et le rapport des idées avec les objets extérieurs rend ce bonheur possible.

Ce que j'admire avant tout dans la constitution angloise, c'est que le Roi y est un
être abstrait, inaccessible aux révolutions. Lui
seul n'a aucune bonne loi à craindre : Placé
comme le Dieu de l'Olympe au-dessus des tempêtes, il ne redoute ni le bien que l'on fait,
ni le mal qu'on voudroit faire. Sous une telle
garantie, toutes les réformes possibles sont sans
danger. Mais renverser un tel ordre de choses
ce seroit encore une fois traverser la liberté,
ce seroit la quitter sans retour.

Dans la lutte des forces mentales avec le
vieux despotisme, né de la primitive ignorance,
on voit les partisans de l'ancien ordre de choses,
avoir les lumières en horreur. Que s'ils déses-
péroient de les éteindre, ils chercheroient par
instinct à fixer, ou plutôt à clouer la *pensée* à des
dogmes, bien assurés qu'ils sont qu'arrêter le
mouvement de la pensée, c'est éteindre la pensée.
On les verroit créer des gendarmes pour garder
cette ennemie; on les verroit créer des juges et
des bourreaux pour la punir si elle venoit à s'é-
chapper. On verroit les partisans de l'inégalité
rétrograder vers l'antique état de non-civilisa-
tion, en évoquant de partout le passé contre
le présent et l'avenir. Et comme pour les passions il n'y a de vrai repos que dans ce qui

les flatte, ils appelleroient *repos* tout ce qui pourroit servir leurs préventions, leurs habitudes et leurs intérêts, dût-on chercher ce repos dans le bouleversement de sa patrie et du monde : la paix ne seroit à leurs yeux qu'un retour à tous les objets de leur regrets. Ces ennemis de la liberté voudroient tenir de partout les forces morales soumises aux forces mécaniques; et comme les forces mécaniques croissent par la concentration des pouvoirs, on les verroit chercher par instinct l'unité de puissance, ennemie naturelle des forces morales. Si l'énergie de la santé nationale tendoit à disséminer la vie en répandant les talens, la pensée, et les vertus, on verroit les amis de l'inégalité s'opposer à cette dissémination, capable de donner quelque importance à chaque citoyen. On les verroit amis et alliés éternels de la classe éternellement ennemie des progrès des lumières, de cette classe qu'aucun revers, aucune expérience ni aucune lumière ne peut corriger; de cette classe que nous voyons dans le dix-neuvième siècle s'allier encore avec le despotisme le plus hideux.

Mais le triomphe de la liberté me semble assuré pour le repos des souverains comme pour le bien des peuples. L'homme anobli désormais par son âme comme il l'étoit naguère par ses ancêtres, ne supportera plus l'état d'abjection où l'ignorance, la superstition et un aveugle despotisme l'avoient plongé.

La mort du despotisme est la seconde naissance de l'homme, comme dans le système de l'immortalité de l'âme la mort naturelle est le principe et le commencement d'une seconde et meilleure destinée. Que l'homme qui pense cesse désormais de se croire isolé sur la terre, qu'il se dise, que chaque pas dans la carrière des vertus et de la pensée est un pas de fait vers cette liberté universelle, qui s'élève par la pensée de chacun, se consolide par la vertu de tous, et s'affermit par le bonheur qu'elle répand enfin sur la terre affranchie.

CHAPITRE XII.

De l'amour-propre.

Chaque siècle a ses questions favorites. Dans le dix-huitième la question *si l'amour-propre est le mobile de toutes les actions humaines*, a été fort à la mode. Cette question est oubliée maintenant.

Résoudre une question, c'est développer le rapport qu'il y a entre les idées dont la ques-

tion se compose. On voit qu'il y a des questions auxquelles il n'y a pas de réponse ; ce
sont toutes celles où il n'existe aucun rapport
entre les idées. Les questions mal posées, les
questions vagues et indéterminées, sont dans
ce cas ; de là tant de bavardage qu'on entend
dans le monde sur des sujets même de la plus
haute importance.

Le mot *amour-propre* a un double sens.
Dans le sens métaphysique, je veux dire dans
l'acception la plus générale, l'amour-propre
est synonyme avec l'amour de soi-même. En
faisant abstraction de tous les motifs qui nous
décident, on trouve que derrière ces motifs
c'est toujours le *moi* qui veut, que c'est du *moi*
qu'émanent toutes nos volontés.

Il y a plus : l'âme est toujours déterminée
par le sentiment de son mieux-être. Dans ce
sens l'amour-propre est le mobile de toutes les
actions humaines, comme le ressort est le mobile du mouvement d'une montre.

En faisant un pas de plus, nous verrons que
l'aiguille de la montre est bien réellement mue
par le ressort, mais que ce n'est pas le ressort
qui détermine l'heure qu'elle indique sur le
cadran.

L'amour-propre métaphysique est le ressort

des actions humaines, mais ce qui détermine l'homme pour telle ou telle action, c'est tel ou tel *motif* toujours extérieur au ressort. Ces motifs sont ou une *idée*, c'est-à-dire, un objet extérieur, ou une sensation du sens intérieur appelé *sentiment*.

Or dans le pays des idées et des sentimens, nous trouvons des routes et des sentiers infiniment variés, qui conduisent à diverses régions étrangères à l'intérêt personnel.

J'observe d'abord que je puis préférer un bien à venir à un bien présent. Cette faculté est d'une étendue immense. Elle donne plein jeu à toutes les comparaisons, à toutes combinaisons, et à tous les résultats que nous attribuons à ce que nous appelons la *raison*. La raison suppose la faculté d'arrêter le sentiment d'un bien présent, pour faire de ce sentiment une *idée* que l'on compare avec d'autres idées. Toutes ces combinaisons de l'intelligence se font en dehors du ressort de l'amour-propre, comme les mouvemens des pièces d'une montre se font en dehors de son ressort.

En continuant mes observations, je vois en second lieu que je puis préférer le bien d'autrui à mon bien particulier ; par conséquent que je puis préférer ce qui est utile à autrui à ce qui n'est utile qu'à moi. Voilà donc l'amour-propre bien séparé de l'égoïsme, qui suppose un intérêt personnel non-seulement dans le ressort qui me fait agir, mais encore dans les motifs qui me déterminent, tandis que l'amour-propre n'en suppose que dans le ressort.

Mais dira-t-on, je préfère le bien d'autrui au mien, parce que cette préférence est un sentiment agréable. Vous conviendrez au moins qu'il y a un principe qui nous porte à agir contre notre intérêt particulier; et que nous avons des motifs déterminans qui ne sont point cet intérêt.

Quand nous disons que dans tel cas nous agissons contre nos intérêts, cela veut dire que nous agissons contre le sentiment de notre utilité. Nous avons donc quelquefois notre utilité d'un côté et le sentiment du bien d'autrui de l'autre. Nous avons donc des sentimens désintéressés; et ce principe des sentimens désintéressés, nous le voyons croître avec les lumières. Plus l'homme est éclairé, et mieux il est en état de sentir les cas où le bien d'autrui est préférable à son bien particulier. Ce sentiment suppose, comme tout ce qui est de quelque prix chez l'homme, le développement de ses facultés.

On voit qu'avec la faculté de préférer un bien à venir à un bien présent, et avec cette autre faculté de préférer le bien d'autrui à son bien particulier, on peut construire toute la morale.

Nous voilà donc, ce me semble, d'accord avec Helvetius. Je fais tout pour moi dans le sens métaphysique ; mais je suis construit de manière à préférer souvent le bien d'autrui à mon bien particulier, et à aimer mieux un bien à venir que le plaisir du moment : tout cela s'appelle suivre les lois de la raison.

Il ne faut donc plus considérer l'amour de soi-même comme contraire à l'amour du prochain, ou comme contraire à la faculté de combiner ses idées d'après les lois de la morale.

Il ne faut donc plus confondre l'amour de soi considéré comme ressort des actions humaines, avec l'amour de soi considéré comme *motif* de nous préférer aux autres. L'amour du moi agit toujours pour moi-même, parce que ce n'est jamais que sur moi que l'activité de mon être se déploie ; mais cette activité se détermine quand il le faut, à préférer le bien d'autrui à mon propre bien. Mon bien particulier une fois comparé au bien d'autrui, me devient étranger. Je me vois, pour ainsi dire, passer, comme si je n'étois plus moi, et l'attache entre l'amour-propre et mon bien particulier se trouve rompue.

L'amour-propre qui consent à s'asservir aux calculs de la raison, l'amour-propre qui sait préférer le bien d'autrui au sien, n'est plus l'amour-propre que la morale réprouve, et l'équivoque du mot amour-propre est levée.

En faisant un pas de plus, on arrive dans les régions encore mal explorées du sens moral. Quand je préfère, par sentiment, le bien d'autrui à mon bien particulier, je suis décidé par mon sentiment; mais ce sentiment prépondérant, ce n'est point le bien d'autrui, ni mon bien particulier qui me l'inspirent; ce sentiment produit par *la comparaison* de deux sentimens, est un troisième sentiment né de cette comparaison, comme un accord en musique est le résultat des sons qui le composent. Si le clavier de nos sentimens n'étoit pas construit de manière à transformer en sentiment agréable le bien d'autrui, nous n'aurions jamais éprouvé le plaisir d'un beau dévouement, et tout ce qui est grand et vertueux dans l'homme ne seroit jamais né.

Le sens moral suppose quelque développement dans la faculté de comparer, par conséquent l'habitude de la raison. Il suppose l'usage de l'attention qui détache d'un premier mouvement de sensibilité l'idée qu'on a ; il suppose aussi quelque développement de l'imagination, qui nous permet de sentir distinctement et vivement. Alors seulemement le sens moral peut déployer ces belles harmonies qui élèvent l'homme à la vertu. Imagination, sens moral, intelligence, mémoire, tout dans nous n'a de prix que dans son développement, et tout ce qui est bien en nous suppose quelque travail et quelque méthode.

Quand je préfère le bien d'autrui à mon bien particulier, c'est le sens moral qui m'y détermine. C'est le sens moral qui, par un effet de son harmonie *dépersonalise* mon égoïsme, en me faisant éprouver le *plaisir* qu'il y a à se dévouer pour autrui. Or ce plaisir a son origine dans la construction du clavier admirable qui produit l'harmonie de nos sentimens moraux.

C'est l'ignorance en psycologie qui enfante les faux systèmes de morale ; car, qu'on ne s'y trompe pas, l'ignorance n'est point une absence d'idées, elle est au contraire la présence souvent très-active d'idées fausses: Le véritable *savoir* suppose moins encore des idées nouvelles qu'un bon arrangement de celles qu'on a.

Revenons à notre sujet. Toutes nos passions ont leur *intérêt*, c'est-à-dire, leurs idées de préférence, leur intensité, et leur attraction vers certains objets. Cet intérêt disparoît avec la passion ; il étoit donc attaché, non pas *au fond* de notre Être, comme l'amour-propre métaphysique, mais à la passion seulement. En généralisant cette observation, nous trouvons que tout sentiment a son attraction *particulière* et son intérêt à lui, qui disparoît avec le sentiment qui l'avoit fait naître. La racine de tous ces amour-propre n'étoit donc pas *dans le fond* de notre âme, mais dans le sentiment passager qui les avoit produits. Les beaux-arts aussi ont leur intérêt placé dans l'unité : Les sentimens moraux ont un intérêt semblable émané du sens moral. Tous ces intérêts suivent leurs propres lois, et ne tiennent à notre nature centrale que par l'intérêt métaphysique qui fait agir le ressort sans le guider vers aucun objet particulier. Ce que Helvetius appelle *intérêt* ou amour-propre, n'est que l'activité permanente de notre Être. Ce n'est jamais cette activité-là qui décide *quelle sera l'action que nous allons préférer.* Ce qui décide du *choix* de nos actions, ce sont les rouages de nos passions, ce sont les sen-

timens et les idées avec leurs infinies combinaisons, toutes placées entre le ressort et les
aiguilles de la montre, et par conséquent, étranger au principe moteur des actions humaines.
Voilà les choses qui marquent sur le cadran
de la morale, et non pas l'intérêt métaphysique
qui est en lui-même un principe indéterminé,
destiné à marcher au gré de la volonté de
l'homme.

En distinguant dans l'homme la force motrice des forces dirigeantes de ses actions, on
parvient aisément à séparer l'amour-propre,
premier moteur de nos actions, de l'intérêt momentané, mobile et passager de nos passions.

FIN DU TOME PREMIER.